Bremer
Rein ins Leben, raus aus dem Stress

Rein ins Leben, raus aus dem Stress

von

Christian Bremer

Verlag Franz Vahlen München

Christian Bremer sorgt seit mehr als 25 Jahren mit seinen Erlebnisvorträgen und öffentlichen Seminaren für mehr souveräne Gelassenheit. Zum Thema „mentale Stärke" gehört er zu den Experten im deutschsprachigen Raum. Seine Angebote tragen nachweislich zur Reduzierung von Stress, Ärger und Brun-out bei. Er weiß, dass Erfolg souveräne Gelassenheit braucht.

Er unterstützt seine Leser, Zuhörer und Seminarteilnehmer mit einem professionellen Mix aus Erfahrung, Praxiswissen und Humor. Der Sinn seiner Arbeit: praxistaugliche Tipps für mehr souveräne Gelassenheit im Berufs- und Privatleben sowie zur langfristigen Leistungsfähigkeit. Beim Verlag C.H.Beck erschienen seine bisherigen Titel „Mit Gelassenheit zum Erfolg", „Prinzip Achtsamkeit" und „Gelassenheit gewinnt". Dieses Buch sowie alle weiteren Bücher können als hochwertige Hörbücher beim Autor (cb@christian-bremer.de) bezogen werden.

Leser/innen dieses Buches erhalten für die öffentlichen Seminare von Christian Bremer 25 % Preisnachlass. Geben Sie bei der Anmeldung einfach den Rabattcode „Buch" an. Die Themen, Termine und Orte finden sich unter www.christian.bremer.de

ISBN 978 3 8006 5633 2

© 2018 Verlag Franz Vahlen GmbH, Wilhelmstraße 9
80801 München
Satz: Fotosatz Buck
Zweikirchener Str. 7, 84036 Kumhausen
Druck und Bindung: Nomos Verlagsgesellschaft mbH Co. KG
In den Lissen 12, 76547 Sinzheim
Umschlaggestaltung: Ralph Zimmermann – Bureau Parapluie
Gedruckt auf säurefreiem, alterungsbeständigem Papier
(hergestellt aus chlorfrei gebleichtem Zellstoff)

Für Christa, Lothar und Ute

Ich habe aufgehört, mich über Widrigkeiten aufzuregen, die ich nicht ändern kann und nicht verantworte.
Seitdem bin ich ein glücklicher Mensch.

Inhaltsverzeichnis

Einleitung

Ich wünsche mir, dass Sie Ihr Leben mit noch mehr Zuversicht führen.

Natürlich können Sie in vielen sehr unterschiedlichen Situationen zuversichtlich sein. Sie können beim Roulette hoffen, dass der Würfel auf einem Feld Ihrer Wahl liegen bleibt. Sie können bezüglich Ihrer möglichen Gehaltserhöhung zuversichtlich sein. Sie können zuversichtlich sein, dass der Zug pünktlich kommt – oder zu spät, damit Sie ihn noch erwischen.

Diese Situationen sind hier nicht gemeint, weil sie ein wenig hilfreiches Verständnis von Zuversicht zeigen.

Was ändert Ihre Zuversicht, wenn sie sich in den Beispielen von oben auf den Würfel, das Gehalt oder die Bahn bezieht?

> Ihre Zuversicht muss sich auf das eigene Potenzial und Verhalten beziehen, um Sinn zu machen.

Gar nichts. Ob Sie in diesen Situationen zuversichtlich sind oder nicht, spielt keine Rolle. Bitte kommen Sie mir jetzt nicht mit irgendwelchen Energiewellen oder Wünschen ans Universum.

Es bringt nichts, die eigene Zuversicht auf die Einflusszone anderer zu lenken. Dann können wir eher vom „Prinzip Hoffnung" sprechen, aber nicht vom „Prinzip Zuversicht".

Dieses Buch zeigt Ihnen auf, wie Sie mit größerer Zuversicht Ihr Potenzial in Leistung für Erfolg, persönliches Wachstum und beste Gesundheit umsetzen. Der einzige Weg, um aus dem, was in Ihnen schlummert, noch mehr zu machen, besteht in MACHEN! Nur durch Verhalten erzeugen Sie aus Ihren Potenzialen Ergebnisse.

Lenken Sie also Ihre Zuversicht konsequent auf sich und Ihr Verhalten, nicht auf das der anderen. Es ist höchst riskant, zuversichtlich zu sein, dass der Linksabbieger Sie sieht. Nichts gegen Vertrauen, aber Hoffnung kann töten.

Obwohl bereits in einer zuversichtlichen Herangehensweise Energie schlummert, lenken Sie Ihre Zuversicht nur auf bestimmte Bereiche, die Sie direkt beeinflussen können. Grundsätzlich geht es immer um eine Facette von „Ich kann das", „Ich schaffe das", „Es ist möglich".

Damit das nicht in eine platte „Ist das Glas halb voll oder halb leer"-Diskussion mündet (übrigens ist das egal, weil die Betrachtung nicht die Wassermenge verändert), gehen Sie mit Zuversicht an von Ihnen selbst veränderbare Faktoren heran, die Ihr Leben beeinflussen. In den Beispielen von oben erhalten Sie einen positiven Einfluss, wenn Sie sich kümmern, und einen negativen, wenn Sie sie aus den Augen verlieren.

Ihre Zuversicht konzentriert sich nicht auf andere, sondern nur auf Sie. Auf das, was Sie – ganz unabhängig von anderen – selbst beeinflussen können.

Übernehmen Sie so die Verantwortung für den jeweils aktuellen Ist-Zustand. Wenn Sie im Augenblick überarbeitet sind, dann liegt das nicht an Ihrem bösen Chef, sondern an Ihren mangelnden Prioritäten, die Sie einfordern und setzen können. Doch wie wollen Sie das Gespräch suchen und Prioritäten einfordern, wenn Sie nicht zuversichtlich sind, das zu können?

Viel zu oft machen wir uns Gedanken um das Verhalten der anderen. Was wird er nur sagen? Was wird er nachher von mir denken?

Lenken Sie stattdessen Ihre Zuversicht auf Ihre eigenen Möglichkeiten. „Egal was mein Chef unternimmt, ich kann und werde mich schlussendlich durchsetzen. Wenn ich merke, dass er schlecht von mir denkt, kann ich das ansprechen. Weil ich weiß, dass ich das kann. Egal wie er reagiert, ich bin zuversichtlich, dass ich das Beste geben kann."

Wenn Ihnen diese Strategie schwerfällt, kann ich Sie beruhigen. Denn einerseits fällt es 99 Prozent der Menschen schwer, so zu denken, und andererseits gibt es Wege, besser darin zu werden, seine Möglichkeiten zuversichtlich zu sehen.

Lassen Sie sich von den Ideen hier nicht nur inspirieren, sondern beherzigen Sie die Strategien bei ihrer Anwendung – und Sie werden sehen, was möglich ist.

Vielleicht fragen Sie sich ja, wie ich auf gerade diese Bereiche gekommen bin. Die Antwort besteht aus einem Wort: Beobachtung. Ich habe in den letzten 25 Jahren sehr genau beobachtet, was glückliche Menschen von weniger glücklichen Menschen unterscheidet. Wobei ich persönlich Glück als eine

Kombination von Erfolg und Gesundheit begreife. Diese Kombination ist sehr selten, schließlich gibt es nur wenige Menschen, die zeitgleich beides haben: beruflichen Erfolg und eine wirklich ausgeprägte Gesundheit. Immer wieder kam ich auf einen Aspekt, der am besten mit dem Wort Zuversicht zu beschreiben ist. Das scheint bei diesen Menschen ein Lebensmotto zu sein. Meines ist es jedenfalls geworden und ich bin unendlich dankbar, dass ich durch die Beobachtungen auf die Idee gekommen bin, Zuversicht als ständigen Begleiter haben zu wollen.

Sie haben es hier also nicht mit einem wissenschaftlichen Lehrbuch zu tun, sondern Sie erfahren von vielen wiederkehrenden Beobachtungen, die Ihnen dabei helfen können, Ihr Glück zu steigern. Wenn Sie sich selbst in die Rolle des Beobachtens begeben, werden Sie übrigens Ähnliches wie ich feststellen.

Betrachten Sie das Buch als Abkürzung und Vereinfachung.

Damit der Entwicklungsprozess Ihrer Zuversicht erfolgreich verläuft, finden Sie hier 7 ½ Prinzipien, um die Sie sich kümmern können. Schließlich werden Sie sich und mich fragen, wo Sie denn genau zuversichtlicher werden können. Neben der zuversichtlichen Herangehensweise bei der Maximierung Ihrer grundsätzlichen Zuversicht lade ich Sie ein, sich um diese Aspekte zu kümmern:

Setzen Sie sich voller Zuversicht und Tatendrang dafür ein, ...

... Ihre **Zuversicht** zu steigern. Werden Sie grundsätzlich zu einem zuversichtlichen Menschen und genießen Sie die neue Leichtigkeit.

... Ihr Leben mit einer noch kraftvolleren **Intention** zu führen. Seien Sie nicht länger der Spielball oder die Müllhalde der anderen, sondern bestimmen Sie, wo die Reise hingeht.

... Ihren **Fokus** besser auszurichten. Lassen Sie sich seltener ablenken und richten Sie Ihre Aufmerksamkeit auf das, was Ihnen wichtig ist, anstatt in Problemen und Schwierigkeiten gefangen zu sein.

... mehr **Dankbarkeit** in Ihr Leben zu lassen. Nutzen Sie diese Kraft, um bei den Widrigkeiten des Lebens locker zu bleiben und schmunzeln zu können.

... Ihr **Ego** zu nutzen, anstatt sich von ihm stressen zu lassen. Beginnen Sie, Situationen ausgewogen zu betrachten und nicht alles zu glauben, was Sie denken.

... **gelassener** zu sein. Gehen Sie an die Herausforderungen des Lebens mit weniger Stress, Druck und Sorge heran.

... sich mit neuer **Energie** um Ihre Projekte zu kümmern. Wenn Sie nicht mehr können, kann keiner etwas dafür. Bleiben Sie frisch und lernen Sie, Ihre Akkus immer wieder aufzuladen.

Sie brauchen die einzelnen Aspekte nicht der Reihe nach zu lesen, sondern können Ihre eigene Reihenfolge definieren. Fangen Sie einfach da an, wo es Sie am meisten hinzieht.

Es ist nicht leicht, sich im Alltag um diese Faktoren zu kümmern. Schließlich haben Sie ja schon genug zu tun.

Allerdings beobachte ich auch, dass viele Menschen mit allem Möglichem beschäftigt sind – außer mit sich und ihrer eigenen Weiterentwicklung. Auf Dauer führt das nicht zur persönlichen Erfüllung, sondern in ein Abrackern für andere.

Wie Sie gleich im nächsten Kapitel lesen werden, ist es mit konsequenter Arbeit verbunden. Jedoch finden Sie nicht nur den Appell „Kümmere dich um deine Zuversicht", sondern auch gute Gründe, die Sie den Aufwand gerne betreiben lassen. Wenn Sie einen Sinn in etwas sehen und am Ende eine fette Belohnung wartet, sind Sie doch zu einigem bereit, oder?

Damit wir uns hier richtig verstehen

Auf einer Skala von null bis zehn, wie zufrieden sind Sie mit Ihrem Leben grundsätzlich, über alle Lebensbereiche? Null bedeutet sehr unzufrieden, bei zehn ist alles perfekt. Wie die meisten finden Sie wahrscheinlich eine Zahl zwischen fünf und neun. Weil Sie dieses Buch hier in den Händen halten, werden Sie wahrscheinlich Ihre Zufriedenheit steigern wollen. Glückwunsch – doch was haben Sie in den letzten vier Wochen bereits dafür getan? Und was hätten Sie noch tun können?

Seien Sie weiterhin ehrlich und antworten Sie wieder auf einer Skala zwischen null und zehn: Wie gut haben Sie für sich gesorgt?

An der Lücke zwischen dem, was Sie hätten tun können, und dem, was Sie getan haben, erkennen Sie Ihre Ernsthaftigkeit. Je größer die Lücke ist, desto kleiner Ihre Ernsthaftigkeit. Je näher Sie an der Zehn sind, desto besser.

Ich habe in den letzten Jahren noch niemanden erlebt, der wirklich etwas verändern wollte, es aber nicht geschafft hat.

Das ist bei Ihnen auch so: Alles, was Sie wirklich wollten, haben Sie auf die eine oder andere Weise erreicht. Denken Sie mal darüber nach. Natürlich nicht immer beim ersten Anlauf und nie ohne Aufwand,

> Wenn Sie etwas nicht geschafft haben, dann nur, weil Sie irgendwann nachgelassen und aufgegeben haben. Nicht weil es unmöglich war.

aber Sie haben erreicht, was Sie wollten. Der wichtigste Baustein dabei war ihre ernsthafte Entschlossenheit.

Warum sind Sie in diesen Situationen am Ball geblieben, haben sich gegen Widerstände aufgelehnt, waren zäh und haben immer neue Wege gesucht, egal wie anstrengend es war? Weil Ihnen das Ergebnis wirklich wichtig war und weil Sie sich so viel davon versprochen haben, dass Ihnen jeder Aufwand recht war. Sie waren zu allem bereit.

Natürlich bedeutet es Aufwand, sich zu größerer Zuversicht zu motivieren, auf seinen Fokus zu achten und den eigenen Stresslevel zu senken.

Noch ist kein Meister vom Himmel gefallen und Glück wächst nicht auf Bäumen. Für alles, was wir wollen, müssen wir zuerst aktiv werden. Es geht darum, aus gewohnten Bahnen auszubrechen und für persönliche Veränderungen zu sorgen, die nicht einfach sind.

Sie können keine außergewöhnlichen Resultate erwarten, wenn Sie in Ihrer gewöhnlichen Komfortzone bleiben.

Haben Sie mal versucht, 100 Tage nacheinander eine Stunde pro Tag zu meditieren? Nicht während einer schicken Auszeit in einem Kloster in Thailand, sondern im normalen Alltag, der von beruflichen und privaten Routinen geprägt ist. Das ist hart, anstrengend, fordert die Selbstdisziplin und verlangt einiges von uns ab. Aber es sorgt auch für Glück, Gelassenheit und tiefe Einsichten in uns selbst. Großartig – wenn da nur nicht die anstrengende Disziplin und der unangenehme Verzicht wären.

Solche Veränderungen sehen auf den ersten Blick zwar verlockend aus, sind aber auch sehr lästig. Daher ziehen wir solche Projekte ja auch oft nicht bis zum Ende durch. Obwohl jeder weiß, dass es schon eine gehörige Portion Energie und Denkarbeit braucht, um sich zu entwickeln. Jeden Tag, nicht nur einmal einen Tag.

Es ist lästig, Rückenschmerzen zu haben, und es ist lästig, das Rückentraining durchzuführen. Wenn wir schon die Wahl zwischen beidem haben, warum entscheiden wir uns dann so oft dafür, in einem unangenehmen Zustand zu bleiben, anstatt den unangenehmen Aufwand für die Veränderung zu betreiben? Wenn doch beides unangenehm ist, macht es absolut Sinn, die Variante des Unangenehmen zu wählen, die mir wenigstens was bringt.

Wenn zwei Wege steinig sind und nur einer von beiden mich dahin bringt, wo ich hinwill, dann nehme ich den doch. Anstatt mich umsonst zu quälen.

Vieles in diesem Buch wird Ihnen plausibel erscheinen. Zu Recht, denn alles ist erprobt und wird bereits von vielen Menschen angewendet. Doch damit Sie davon profitieren können, müssen Sie es richtig anwenden: intensiv und wiederkehrend.

So wie es „ein bisschen schwanger" nicht gibt, gibt es nicht „ein bisschen ausprobieren". Dann lassen Sie es lieber gleich sein und sparen sich das bisschen, es bringt Ihnen sowieso nichts.

So wie ich meinen Seminarteilnehmern begegne, begegne ich meinen Lesern. Wir brauchen keine Freunde zu werden und uns gegenseitig sympathisch zu finden. Wenn das mal irgendwann passieren sollte, ist das natürlich schön. Aber es ist nicht die Intention. Die Intention besteht darin, dass ich Ihnen als Profi aufzeige, wie Sie Ihr Leben verbessern können, indem Sie sich zu mehr Zuversicht bringen – gerade wenn es mal schwerfällt. Das ist etwas Professionelles, nichts Persönliches.

Wenn Sie das Buch hier genau lesen und die Inhalte konsequent und mit großer Intensität anwenden, kann ich Ihnen helfen. Sollten Sie es nur nebenbei lesen und nach zaghafter Anwendung des ein der anderen bei den ersten Schwierigkeiten aufgeben, kann ich Ihnen nicht helfen. Wir beide brauchen Ihre Verbissenheit, Ihre Entschlossenheit und Ihren unbedingten Willen, wenn wir Sie weiterentwickeln wollen.

Betrachten Sie sich als Projekt, welches es zu entwickeln gilt. Führen Sie sich. Dominieren Sie sich. Gehen Sie mit sich nicht nett um, wenn es um Aufwand und Anwendung geht. Es ist ausreichend nett von Ihnen, dass Sie sich zu neuen Leveln bringen wollen.

> **Ihr Glück braucht Ihre Bereitschaft, sich von anderen abzuheben und nicht das zu tun, was alle tun.**

Sie gehen gut mit sich um, weil Sie sich ein persönliches Entwicklungsziel setzen, nicht weil Sie sich erlauben, faul zu sein. Triezen Sie sich, mahnen Sie sich und treten Sie sich selbst in den Allerwertesten. Gehen Sie mit sich ins Gericht, wenn Sie sich dabei erwischen, die immer gleichen Ausreden zu erzählen.

Lassen Sie nicht zu, dass Sie vom Kurs abweichen. Seien Sie ein respektierter Kapitän, der seine Mannschaft im Griff hat und weiß, was zu tun ist.

Sie sind manchmal überfordert? Dann lernen Sie, Prioritäten zu setzen. Sie wissen oft nicht, wo Ihnen der Kopf steht?

> **Wenn es mit Ihrem Leben besser werden soll, dann muss es mit Ihnen besser werden.**

Dann lernen Sie zu meditieren. Sie sind unzufrieden? Dann lernen Sie, dankbar zu sein. Ihre Kinder hören nicht auf Sie? Dann lernen Sie, besser zu kommunizieren.

Verzichten Sie dabei auf die beiden häufigsten Ausreden „Das ist schwierig" und „Ich habe keine Zeit dafür". Die Wahrheit lautet:

> Schwierig bedeutet nicht unmöglich. Keine Zeit haben bedeutet, sich keine Zeit zu nehmen.

Seien Sie ehrlich. Sie haben in Wahrheit keine Lust. Sie fokussieren sich auf den Aufwand und nicht auf das Ergebnis. So reden Sie sich ein, dass es besser ist, nichts zu tun. Dann wird Bequemlichkeit wichtiger als Gelassenheit, Gesundheit und Glück!

Dieses Buch können Sie auch als eine Reise betrachten, auf der Sie sich die Frage „Wer kann ich noch werden, um ein sattes, erfülltes Leben zu führen?" beantworten.

Um zum Beispiel ein Mensch mit mehr Power zu werden, müssen Sie dafür die biochemischen Funktionen Ihres Körpers kennen, mit denen Sie Energie produzieren? Nein, Sie müssen es erstens wollen und dann konsequent Dinge tun, die Ihnen mehr Power bringen. Für neue Vitalität und Energie brauchen Sie Resultate, kein Wissen.

> Wenn Informationen die Ursache für unser Glück wären, dann wären wir alle bereits Mitte 20 Millionäre mit Waschbrettbauch und der Weisheit sämtlicher großer Denker.

Keine Information und kein Experte kann Sie zu dem machen, der Sie sein wollen. Sie müssen bereit sein, den notwendigen Aufwand zu betreiben. Dabei gibt es keinen leichten Weg und keine Abkürzung.

Wenn Ihnen andere Bücher oder Zeitschriften den leichten Weg verkaufen wollen, werden Sie belogen. Es ist nicht leicht, fokussiert, gelassen und aktiv zu sein. Es ist schwer, sich nicht vom Ego leiten zu lassen, sondern immer wieder einen Schritt zurückzutreten und zu reflektieren.

Daher ist dieses Buch nicht für Menschen gedacht, die einen leichten Weg suchen, um ihr Leben zu verbessern. Denn den gibt es nicht. Es ist für Männer und Frauen gedacht, die bereit sind, zu arbeiten. Alles Nötige zu tun, was gezwungenermaßen zu tun ist. Nicht weil ich es von Ihnen will oder einfach eine Notwendigkeit behaupte, sondern weil es die zu erreichende Sache von Ihnen will.

Wenn Sie Rom sehen wollen, müssen Sie hin. Erst der Aufwand, dann das Vergnügen. Natürlich klingt das banal, aber denken Sie an die Eingangsfrage.

Verantwortung übernehmen oder: Lassen Sie uns kleine Helden sein

Das kleine Mädchen rannte so schnell zum Schulbus, dass mein Bekannter auf seinem Fahrrad überhaupt keine Chance hatte, auszuweichen. Beide prallen zusammen, er stürzt, bricht sich neben dem Arm noch das Schlüsselbein. Mit seinen 80 Jahren kann so was noch schlimmer ausgehen. Dem Mädchen passiert zum Glück nichts. Und was sagt er zu mir: „Natürlich hätte sie besser aufpassen können. Aber der Unfall wäre nicht passiert, wenn ich mich morgens gegen das Fahrrad entschieden hätte und zu Fuß gegangen wäre.". Hierbei geht es nicht um eine Schuldfrage, sondern um die Frage, wer welchen Einfluss auf die Situation hat. Meinem Bekannten – und mir – hilft es enorm, in schwierigen Situationen die Verantwortung für den eigenen Beitrag zu übernehmen.

Lassen Sie uns hier Verantwortung in zwei unterschiedlichen Facetten begreifen: sie sehen wollen und sie übernehmen wollen. Zunächst bedeutet sie,

> Verantwortung übernehmen ist Antwort auf die Frage, wie wir ein glückliches Leben führen können.

den eigenen Beitrag zu einer Situation zu sehen. Sie ist an dieser Stelle die Antwort auf die Frage: „Welches ist mein bisheriger Beitrag zur aktuellen Situation?" Doch nur das zu sehen hilft nicht weiter. Denn so ist ja noch nichts anders als vorher, nichts ist gelöst. Daher bedeutet sie auch, eine weitere Frage zu beantworten: „Was in meiner Verantwortung Liegendes kann ich jetzt tun, damit die Situation besser wird?" Es geht also darum, erst darauf zu schauen, was bisher bisher passiert ist und welche Rolle das eigene Verhalten dazu beigetragen hat, wie es jetzt ist. Danach geht es um die eigenen Möglichkeiten, durch praktische Handlung ab sofort eine zukünftig bessere Situation herbeizuführen.

Lassen Sie uns ganz konkret die Verantwortung für unsere Gelassenheit, unsere Dankbarkeit, unseren Fokus, unsere Energie, unser Ego und unsere Zuversicht übernehmen.

Hören wir auf damit, den jeweiligen Zustand dieser Faktoren für ein erfülltes Leben auch nur zu einem Prozent anderen in die Schuhe zu schieben. Fangen wir lieber an, uns selbst ehrlich zu begegnen und der Wahrheit ins Auge zu sehen. Wir vergessen einfach zu oft, dankbar, fokussiert und gelassen zu sein. Wir sorgen viel zu wenig für uns, sodass wir am Ende erschöpft sind und nicht mehr können. Wir lassen uns vom Ego steuern, anstatt selbst ans Steuer zu gehen.

Natürlich fällt es leicht, darüber zu jammern, dass die Welt ja so komplex ist, alles immer schneller wird und es schwer ist, den immer größer werdenden Ansprüchen zu genügen. Vergessen wird dabei aber zu oft, dass wir dazu beitragen. Wir sind nicht nur Leidtragende, sondern zugleich auch Verursacher.

Niemand zwingt uns, arbeiten zu gehen. Keiner verbietet es uns, eine Pause zu machen. Wir müssen nicht bis Mitternacht aufbleiben und die neueste Folge der angesagten US-Serie zu Ende sehen. Pferde zu halten ist keine Pflicht, sondern eine freie Entscheidung. Dass die viel Arbeit machen und Tierarztkosten verursachen, mag viele Besitzer der Vierbeiner stressen. Aber nur weil sie in dem Augenblick vergessen, dass sie die Tiere angeschafft haben. Nur weil sie in dem Augenblick des Stresses vergessen, wer hier die Verantwortung trägt.

Im Wort Verantwortung steckt das Wort Antwort und ich bin davon überzeugt, dass wir das viel zu oft übersehen. Denn Verantwortung ist die Antwort auf die Frage: „Was kann ich tun, damit es besser wird?" Egal um welche Situation oder Lebensbereiche es geht! Ob mit dem eigenen Gewicht, der Ernährung, Schlafstörungen, dem Einkommen oder der Beziehung. Die Antwort einer Person, die Verantwortung übernimmt, lautet: „Jetzt bin ich dran!" Sie erkennt ihren Beitrag zur Situation und ist bereit, mit frischem Schwung neu zu handeln. Sie setzt sich ein, egal zu welchem Preis.

Wann immer wir mit einem Aspekt in unserem Leben unzufrieden sind, sollten wir diese beiden Prinzipien von Verantwortung sehen und sie beherzigen. Nur so treten wir aus dem Schatten der Ablehnung von Verantwortung in das Licht der Verantwortungsübernahme. Es ist nötig, machbar und die einzige Lösung, damit es besser wird. Aber lieber legen wir unser Wohlergehen in die Hände der anderen, anstatt selbst tätig zu werden. Wie oft höre ich mir das an. Mein Chef gibt mir zu viel Arbeit. Falsch. Richtig: Du lässt dir zu viel Arbeit aufbürden. Meine Kinder nerven mich. Wer hat denn nicht verhütet? Wenn Sie glauben, wegen der Bahn zu spät zu einem zu Meeting kommen, ist nicht die Bahn schuld. Sondern Sie.

Denn Sie haben das Ticket gekauft und haben nicht einen Zug eher genommen – was Sie aber hätten tun können.

Nehmen Sie also die Zügel in die Hand. Verantwortung hat viel damit zu tun, wo wir den Beginn eines Problems sehen. Bei anderen oder bei uns selbst. Wir neigen viel zu oft dazu, den leichten, aber falschen, weil uns nicht glücklich machenden, Weg zu gehen und zu denken, dass andere begonnen haben. Wir sind dann wie die beiden Siebenjährigen, die bei einem Streit sagen: „Er hat angefangen!".

Der Angestellte mag manchmal überarbeitet sein. Doch was war, bevor sein böser Chef ihm so viel Arbeit aufgebürdet hat? Der Angestellte hat einen Arbeitsvertrag unterschrieben. Und was kam vor der Überarbeitung? Er hat nicht freundlich Nein gesagt und neue Prioritäten eingefordert, nachdem er die vielen Aufgaben bekommen hat. Die Zeugung des Kindes fand vor dem Theater in der Pubertät statt. Erst wurde das Ticket gekauft, dann kam die Verspätung.

Legen wir die Geschichte ab, dass wir nichts dafür können. Weg mit der Idee, dass andere mehr zur Qualität unserer Le-

> Lassen Sie uns noch viel öfter und klarer unseren Beitrag sehen.

bensgüte beitragen als wir. Belügen wir uns nicht länger selbst und glauben, dass es uns wegen der anderen nicht gut geht. Nicken wir doch einfach und sagen mit einem Lächeln: „Was kann ich tun?"

Werden wir aktiv, anstatt passiv darauf zu warten, dass andere etwas für uns tun. Beenden wir die selbst erdachte Unmündigkeit und stürzen uns regelrecht in unsere Möglichkeiten.

Seien wir zufrieden mit dem, was wir für uns tun können, anstatt unzufrieden mit dem zu sein, was andere nicht für uns tun.

Natürlich ist es einfach, den Grund für einen unangenehmen Zustand bei anderen zu suchen. Dabei übersehen wir, dass etwas nicht besser wird, nur weil es einfach ist. Nichts ändert sich in seiner Bedeutung, nur weil wir es wollen. Anstatt weiterhin diesem gruseligen Märchen zu glauben, dass andere unser Leben beeinflussen, gestalten wir lieber ein zauberhaftes Märchen, das sich verantwortungsvolles Leben nennt.

Machen wir uns jeden Tag die Wahrheit bewusst, dass niemand unser Leben so sehr beeinflusst wie wir selbst. Jemand „beleidigt" uns. Wir nehmen es als Beleidigung oder als Feedback. Was der andere sagt, ist seine Verantwortung, also Finger weg. Wie wir das von ihm Gesagte interpretieren, ist unsere Verantwortung. Was ist denn das, was uns beleidigt fühlen lässt? Seine Aussagen oder eher unsere Interpretation seiner Aussagen? Egal ob uns das in dem Moment schmeckt oder nicht. Es ist unsere Interpretation. Wir sollten uns nicht aufregen, wenn wir glauben, es mit einem interessanten Feedback zu tun zu haben.

Lassen wir die anderen doch machen, was sie wollen. Das macht Sinn, weil sie machen können, was sie wollen. Hören wir auf, unsere Energie dabei zu verschwenden, die Schwerkraft aufzuheben. Denn die ist genauso ein nicht zu diskutierendes Phänomen wie die Freiheit des anderen. Der kann machen, was er will, genauso wie der Stift aufgrund der Schwerkraft auf den Boden fällt. Anstatt sich auch nur eine Sekunde länger darüber aufzuregen, den Kopf zu schütteln und die himmelschreiende Ungerechtigkeit zu beklagen, sagen wir doch lieber einfach unsere Meinung und überlegen dann, welches unsere weiteren Möglichkeiten sind.

Bei der ganzen Geschichte von „Verantwortungsübernahme" geht es übrigens gar nicht darum, sie durch eine aktive Handlung zu übernehmen. Sondern es geht darum, zu erkennen, dass wir sie bereits tragen. Wir haben sie sowieso, auch wenn wir sie nicht übernehmen wollen. Die Frage ist also nicht, ob wir sie tragen oder nicht, sondern ob wir eingestehen oder nicht eingestehen, dass wir sie tragen.

Ich weiß, dass meine Hinweise zu Verantwortung manche aufrüttelt und andere auf die Palme bringt. Wie kann der nur sagen, dass ich daran schuld bin, wie es mir gerade geht? Es ist doch die Gesellschaft. Vielen Menschen fällt die Erkenntnis der eigenen Verantwortung schwer und manche Zuhörer würden mich am liebsten mit Steinen bewerfen, wenn ich diese Zusammenhänge in meinen Vorträgen postuliere. Aber nur weil sie glauben, ich würde ihnen das Leben schwerer machen wollen. Obwohl ich ihnen gerade die Lösung für ihre Probleme nenne.

Gut, dann wird eben keine Verantwortung übernommen. Deren Leben ist ja nicht meine Verantwortung. Aber mit echter Zuversicht bezüglich einer

> Viele Menschen scheinen lieber über ihre Probleme zu jammern, anstatt sie zu lösen.

möglichen Lösungsfindung wäre das nicht passiert. Ich mache ein Angebot, das ergriffen werden kann oder auch nicht.

Kommen wir nun zu Ihnen, liebe Leserin, lieber Leser. Es ist ja immer leicht, über andere zu sprechen und zu sehen, mit welchen Fehlern die es schaffen, weder glücklich noch erfüllt zu sein.

Wie steht es um Ihre Fähigkeit, Verantwortung für alle Bereiche Ihres Lebens zu übernehmen?

Denken Sie noch Dinge wie „Wenn mein Partner mir besser zuhören würde, hätten wir eine bessere Beziehung" oder „Wenn meine Kunden besser Bescheid wüssten, wäre alles viel einfacher"? Wann immer Sie sich das nächste Mal dabei erwischen, den Grund für etwas bei anderen zu suchen und da zu verharren, denken Sie an diese Zeilen und fragen sich dann bitte: „Das mag alles sein, aber was kann ich jetzt tun?"

Es wird Ihnen dann ähnlich gehen wie mir: Erst mal sträubt sich alles in mir, Verantwortung zu übernehmen. Denn die anderen könnten ja wirklich mal mehr tun. Schließlich soll es gerecht zugehen. Warum immer ich? Warum soll ich denn bitteschön mehr tun als andere? Warum soll ich denn Verantwortung auf mich nehmen, wenn andere das nicht tun?

Im hitzigen inneren Dialog muss es gelingen, diese Fragen zu verdrängen und mit einer einzigen Frage zu ersetzen: „Wofür tue ich das?" So mache ich mir klar, dass es hier um meine gute Laune, meine Leichtigkeit und meine fröhliche Stimmung geht. Es geht nie um den Aufwand. Es geht immer um die Sandkörner in der Sanduhr meines Lebens, die unaufhörlich nach unten rieseln.

> Seien Sie so sehr am Ergebnis interessiert, dass es Ihnen egal ist, wie viel Aufwand Sie betreiben müssen.

Diese Fähigkeit, sich auf das Ergebnis anstatt auf den Aufwand zu konzentrieren, haben wir alle. Nur haben die meisten Menschen verlernt, sie zu nutzen.

Oder hatten Sie etwa Lehrer, die Ihnen ausführlich erklärt haben, warum und wozu Sie etwas lernen sollen? Mir hat niemand erklärt, warum es wichtig ist, sich durch Shakespeare zu quälen.

Lenken Sie Ihre ganze Aufmerksamkeit wieder mehr auf Ihre Vorteile, anstatt darüber nachzudenken, wie schwer es ist, sich vom Sofa aus auf den Weg ins Fitnessstudio zu machen.

Sie brauchen es nicht zu lieben, jeden Tag die Zeit zum Meditieren abzuzwacken. Sie brauchen die Kälte auf dem Weg ins Schwimmbad nicht auf einmal mögen.

> Reden Sie sich den Aufwand nicht schön. Seien Sie lieber bereit, ihn zu bringen.

Sie brauchen dafür nur richtig scharf auf das Ergebnis zu sein. Es muss Ihnen am Herzen liegen. Sie müssen für alles, was in Ihrer Macht steht, bereit sein. Sie müssen alles tun, was Sie tun können. Alles. Das ist eine Frage von Fokussierung, von Lenkung Ihrer Aufmerksamkeit. Alles andere ist Ausrede und führt schnell über Passivität zu Unzufriedenheit.

Hören Sie also ab jetzt damit auf, sich den Aufwand schönzureden. Glauben Sie, es macht mir immer Spaß, ein Buch wie dieses hier zu schreiben? Wenn Sie das mal gemacht haben, wissen Sie, dass es viel mit Entbehrung und Verzicht zu tun hat. Was in den dunklen Stunden der „Null-Bock-Stimmung" hilft, ist, sich auf das Ergebnis zu fokussieren. Wozu bin ich angetreten? Ich muss die Verantwortung dafür übernehmen, dass ich zu diesem Zeitpunkt ein Buch mit diesem Thema schreiben wollte, anstatt mich über meine vorübergehende Planlosigkeit aufzuregen.

Sie müssen das Ergebnis so sehr lieben, dass Ihnen der Aufwand dafür egal ist. Mag es auch ungerecht sein, dass Sie der Einzige sind, der die Verantwortung übernimmt und so beispielsweise in einem Team unangenehme Dinge anspricht. Das hätten natürlich auch andere machen können, ganz zu schweigen von der Teamleitung. Aber worauf wollen Sie warten? Sie sind unzufrieden, also sprechen Sie es auch an. Schließlich ist es Ihre Verantwortung, dass es Ihnen gut geht. Wenn Sie dafür Harmonie brauchen, setzen Sie sich dafür ein. Unternehmen Sie dafür mehr als andere, gehen Sie das Risiko ein und ziehen sich eventuell den Unmut Einzelner zu. Aber das kann Ihnen egal sein, weil Sie Ihre Verantwortung erkannt und übernommen haben.

Natürlich reicht es auch nicht aus, nur zu sehen, wie Sie zum jetzigen Zustand beigetragen haben und was Sie jetzt tun könnten. Wie Sie im Kapitel zur Intention lesen können, lieben es viele Menschen, motiviert zu sein. Nur das Handeln mögen sie nicht. Daher will ich Sie auch nicht dazu motivieren, bloß Ihre Verantwortung zu übernehmen. Das ist noch kein Akt. Ich will Sie dazu bringen, zu handeln. Dafür müssen Sie die Energie der Einsicht in Aktion verwandeln.

Einer der häufigsten Gründe, warum Menschen weder ihre Verantwortung sehen noch ins Handeln kommen, besteht darin, dass viel zu viele im Strom der Verantwortungslosigkeit schwimmen.

Aber das „Schwere" ist der Aufwand und nicht das Ergebnis, auf das es sich zu konzentrieren gilt. Das Ergebnis ist der Grund, die Verantwortung zu übernehmen.

> Wenn alle betroffen nach unten schauen und schweigen, ist es schwer, aufzuschauen und zu sprechen.

Prüfen Sie doch einmal bei sich selbst, ob es auch für Sie an der Zeit ist, seltener auf andere zu hören und seltener so zu sein, wie andere Sie haben wollen. Seltener das zu tun, was üblicherweise aufgrund von weitverbreiteter Verantwortungslosigkeit getan wird. Begraben Sie das „Man macht das halt so" und schaffen Sie neuen Platz für „Ich mache das so". Sollen sich doch andere vor ihrer Verantwortung, den damit verbundenen Möglichkeiten und dem Aufwand drücken. Nur weil die meisten anderen Menschen vor allem an den Aufwand dabei denken und sich vor ihm scheuen, müssen Sie das nicht auch so tun.

Machen Sie öfter aus dem „Andere sollten" ein „Ich kann". Aus dem „Erst sollen die anderen etwas tun, dann mache ich vielleicht mit" ein „Ich mache das jetzt, egal was die anderen tun".

Ich nenne das „kleinen Helden". Auch diese kleine Helden können große Verantwortung übernehmen. Lassen Sie uns also noch öfter kleine Helden sein. Lassen Sie uns der Erste sein, manchmal sogar der Einzige sein. Wir tun es für uns und sind zu jedem Aufwand bereit, weil wir das Ergebnis, unser Glück im Leben, im Sinn haben.

Volle Verantwortung, volles Leben. Je eher Sie besser darin werden, Ihre Verantwortung zu erkennen und ihr gemäß zu handeln, desto eher werden Sie glücklicher, gesünder und erfolgreicher sein.

Sie fühlen sich unglücklich, gestresst und überfordert, sobald Sie nicht ausreichend für sich eintreten. Ich wünsche Ihnen diese Erkenntnis so sehr, weil Sie dann frei, unabhängig und aktiv sind. Sie sehen sich als Handelnder, nicht als Behandelter. Sie sind dann der Puppenspieler und nicht die Puppe.

Wenn wir alle die Möglichkeit haben, uns mehr für uns einzusetzen und mehr für uns zu tun, warum machen es dann so wenige? Erklären Sie mir das. Warum glauben wir, dass es besser ist, in der Masse zu versinken und das zu tun, was der Durchschnitt tut – und dann auch das zu kriegen, was der Durchschnitt bekommt: ein durchschnittliches Leben? Ich meine: weil wir es gelernt haben. Auf den Satz werden Sie in diesem Buch noch einige Male stoßen. Hier bedeutet Verantwortung: Wir haben das zwar gelernt, aber es liegt in unserer Hand, neu zu lernen.

Andere haben uns das beigebracht und wahrscheinlich hatten wir damals keine große Wahl, es anders zu lernen. Sonst drohten oft soziale Sanktionen oder schlechte Noten. Woran merken Sie aber heute, dass es an der Zeit ist, neu zu lernen? Ganz einfach: Wenn Sie sich in einer Situation unwohl fühlen.

Nehmen wir an, dass Sie der Trainer einer Sportmannschaft sind. Das Verhalten der Mannschaft steht dabei dafür, wie Sie Ihr Leben führen. Wenn Sie nicht höchst wachsam am Spielfeldrand Ihres Lebens stehen, Fehler im Spielverlauf erkennen und an der Seitenlinie rauf und runter rennen, schreien und mit den Armen rudern, dann macht das keiner. Dann läuft das Spiel weiter und Sie verlieren.

Später in der Pressekonferenz zu erzählen, dass der Gegner einfach stärker war, Glück hatte oder die Bodenverhältnisse schlecht waren, macht das Ergebnis, also Ihre Niederlage, nicht besser.

Außerdem haben beide Mannschaften auf demselben Boden gespielt. Also kann es nicht am Boden gelegen haben, sondern daran, dass Sie nicht die Verantwortung übernommen haben. Vor dem Spiel ließen Sie Ihre Mannschaft nicht ausreichend hart trainieren und beim Spiel haben Sie nicht genug am Seitenrand geschrien. Außerdem: Wer hat denn den Stürmer eingewechselt? Der mag zwar schlecht gespielt haben, aber Sie haben ihn eingewechselt.

Vielleicht hilft Ihnen die Metapher ja dabei, noch mehr Ihre Verantwortung zu sehen und sich darauf zu konzentrieren, was Sie tun können und welches das Ergebnis sein kann.

Die folgenden Kapitel unterstützen Sie ganz konkret mit Inspiration, Strategie und vielen hilfreichen (und einfachen) Techniken, mehr Verantwortung für Ihr Glück zu übernehmen. Dabei ist es meine Verantwortung, Ihnen erprobte Möglichkeiten plausibel zu beschreiben. Ihre Verantwortung besteht darin, aus den Inhalten auszuwählen und diese dann anzuwenden. Vielleicht wäre es schöner, wenn es anders wäre und ich mehr für Sie tun könnte. Aber es ist und bleibt so:

Das ist allerdings überhaupt kein Problem, weil es in Wahrheit leicht ist, sich um sich zu **Niemand kümmert sich um Sie, wenn Sie es nicht tun.** kümmern und noch mehr Verantwortung zu übernehmen.

1.

Intention mit Mut und Wille

Weg mit Zielen, her mit der Intention

Dieser Moment macht mich noch heute traurig, aber er bewegt und motiviert mich auch. Kurz bevor die Mutter meines besten Freundes starb, saßen wir im Kreise ihrer engsten Vertrauten zusammen und haben über das Leben geredet. Dabei hat sie uns noch mitgegeben: „Ich bereue nichts von dem, was ich getan habe. Ich bereue nur, was ich nicht getan habe."

Machen Sie sich die tiefe Bedeutung dieser zwei einfachen Sätze klar. Sie wollte etwas tun und hatte die Möglichkeit dazu. Nur getan hat sie es nicht. Sie hat gezögert. Bis es zu spät war. Denn auf dem Sterbebett ist es nicht mehr möglich, noch ein Konzert in der Mailänder Scala zu besuchen oder eine bestimmte Wanderung zu unternehmen.

In diesem Augenblick ist mir klar geworden, dass ich eine einmalige Chance habe, aus meinem Leben etwas zu machen. Dafür zu sorgen, dass ich möglichst wenig bereue. Denn irgendwann ist es zu spät, noch etwas nachzuholen. Und ich begann, über mein Leben nachzudenken.

Das bisherige Zwischenergebnis dieser Reise ist die Erkenntnis verschiedener Prinzipien, die, wenn sie beherzigt werden, zu einem erfüllten Leben führen.

Natürlich gibt es keinen Schalter für Glück, Gesundheit und Erfolg. Das meiste im Leben ist ja nicht planbar und liegt außerhalb unserer Kontrolle. Aber einiges können wir schon beeinflussen, zum Beispiel unser Denken und damit auch unsere Intention. Ich würde es sehr bereuen, ein Leben ohne große Intention geführt zu haben. Allerdings ist das mit der Intention gar nicht so leicht, daher führen ja auch 99,99 Prozent ein Leben ohne große Intention. Denn mit Intention ist hier nicht gemeint, pünktlich Feierabend zu machen, bei Aldi die vermeintlich besten Schnäppchen zu kriegen oder zweimal im Jahr einen schönen Urlaub zu haben. Doch was genau ist eine Intention und warum ist sie so wichtig?

Dank des Judotrainings konnte ich in der zweiten Klasse den nervigen Viertklässler auf meinem Schulweg im hohen Bogen in den Vorgarten eines Hauses schleudern. Keine Sorge, mit gutem Grund, er wollte mir gewaltsam das Fußballsammelbild mit meinem Helden Karl-Heinz Rummenigge abnehmen. Es war zur WM 1986 in Mexiko.

Doch mit zwölf reichte Judo nicht mehr, ich wollte mehr. Ich war von Taekwondo begeistert und wollte es unbedingt lernen. Das Wort „unbedingt" erhält gleich eine besondere Bedeutung. Denn meine Eltern hielten diese Sportart für zu brutal. Aus der Traum? Nicht für mich und meine unbedingte Intention. Zum Glück kam ein Schulfreund auf die Idee, mir ein blaues Auge zu schlagen. Dann solle ich von Tränen und am besten noch blutüberströmt nach Hause gehen und meine Mutter fragen: „Hättest du mich zum Taekwondo gelassen, wäre das nicht passiert, oder?" Natürlich nicht als Vorwurf, sondern mehr als Frage. Kinder sind so schlau! Kinder tun alles, sind kreativ und zu unfassbarer Energieleistung fähig, wenn sie sich einmal etwas in den Kopf gesetzt haben (also eine Intention haben). Erst war ich ja skeptisch, doch dann stimmte ich der Idee zu.

Allerdings wussten wir nicht, wie fest man für ein blaues Auge zuschlagen muss. Nach kurzer Beratung ließ mich meine Intention zu ihm sagen: „Volle Kanne, dann sind wir sicher." Ich schließe die Augen, mein Kumpel schlägt zu. Ich falle um, er ist erst erschrocken und dann verärgert, weil in dem Augenblick unser Lateinlehrer um die Ecke biegt. Das Dumme dabei war vor allem, dass ich die Sache erst aufklären konnte, als ich wieder bei Bewusstsein war. Aber ein Blick in den Spiegel hat mir gezeigt, wie gut die Aktion geglückt ist. Ein herrliches Veilchen strahlte mir entgegen.

Meiner Mutter dann nachmittags zu sagen „Mit Taekwondo wäre das nicht passiert, oder?" war dann eine Kleinigkeit. Die Anmeldeformulare waren schnell unterschrieben.

Ich erzähle Ihnen diese Geschichte, damit Sie sehen, wie wichtig eine unbedingte Intention ist. Wie wichtig es ist, sich für eine Sache voll und ganz hinzugeben, bedingungslos etwas zu verfolgen, was einem selbst wichtig ist. Auch gegen Widerstand und gegen den Willen der anderen. Bereit zu sein, aufgrund seiner Intention gegen den Strom zu schwimmen und sich vielleicht unbeliebt zu machen, weil Sie nicht genauso sind wie die anderen – und wie die Sie haben wollen. Nur wenn wir dabei alles geben und mehr auf den Sinn als auf den Aufwand fokussiert sind, maximieren wir die Chance, alles zu kriegen.

Allerdings können Sie im Leben beobachten, dass diese Regel auch umgekehrt gilt: Je größer die Angst, desto kleiner die Belohrung.

> ,e größer der Mut, desto größer die Belohnung.

Mir laufen wirklich zu viele Bedenkenträger herum. Erst erzählen sie mir von ihrem Traum. nach Vietnam zu reisen, und im nächsten Satz quatschen sie sich selber raus, weil dort amselgroße Mücken leben. Da frage ich mich doch, wie die Einheimischen überleben können?

So viele Angestellte sind so schrecklich unglücklich mit ihrem Chef, ihrem Gehalt, ihren Kollegen oder im allerschlimmsten Fall mit einer Kombination aus allem. Der Wunsch nach Kündigung und der Gründung einer eigenen kleinen Firma ist groß. Doch aus dem Wunsch wird keine unbedingte Intention, weil „das Gründen in Deutschland ja so schwer ist". Ach so, und wie haben das dann die vielen Gründer geschafft, die mittlerweile eine erfolgreiche Firma leiten?

Das Ausmaß von Klagen über Stress hat extrem zugenommen. An sich müssten meiner Meinung nach alle, die über Stress klagen, mit der bedingungslosen Intention zur Arbeit gehen, dabei gelassen und glücklich zu sein.

Dafür alles tun und bereit sein, sich, bitte nur metaphorisch gesehen, ein blaues Auge schlagen zu lassen. Also mal eine Pause machen, mal Nein sagen und mal sagen, was einem nicht passt. Aber nein! Die Intention bleibt oftmals, wie sie ist: durchkommen und hoffen, dass nichts Schlimmes passiert.

Mir bereitet das größte Sorge. Denn viele denken: „Ist doch okay; es geht doch noch, ein bisschen Stress hier da, ein bisschen Druck da … ist doch halb so schlimm …" Und dann macht es „bumm" und ihr Licht ist aus.

Ein O.K.-Denken führt ganz schnell zum K.o.

Sie wollen mal live erleben, was ich mit Intention meine? Wenn Sie gelegentlich Zeit haben und auf Mallorca sind, besuchen Sie in der Nähe von Palma den Tapas Club Portixol. Setzen Sie sich einfach an einen Tisch mit Blick auf das Meer und bestellen Sie ein paar Tapas und etwas zu trinken. Mein Tipp sind die wahlweise mit Fisch, Fleisch oder Spinat und Käse gefüllten Kroketten, abgerundet mit einem San Miguel. Lassen Sie Platz für den hausgemachten Nachtisch.

Wenn alles an seinem Platz ist und Ihre Sonnenbrille sitzt, beobachten Sie die Kellner. Sofort wird Ihnen klar, dass die alle eine gemeinsame bedingungslose Intention verfolgen: den Gast mit grandiosem, also schnellem, kompetentem und freundlichem Service zu begeistern. Sie sehen das unter anderem an der Körpersprache und daran, dass alle mindestens drei Sprachen sprechen und Dinge wahrnehmen, die sonst kaum ein Kellner sieht.

Das ganze Szenario wird umso beeindruckender, wenn Sie den Kellner mit dem durchschnittlichen Kellnerverhalten in Spanien vergleichen. Nicht schlecht, nur anders, als sich das ein zahlender Gast mit normalen Ansprüchen vorstellt. Und ja, ich weiß, dass es das in Deutschland auch gibt, wir von „Manjana" lernen können, und dass in den USA auch nicht alles glänzt, was Service ist.

Aber es ist so schön, diese unbedingte Intention der Kellner zu sehen, mir meinen Besuch im Tapas Club so schön wie möglich zu machen. Die reißen sich ein Bein für ihre Intention aus und können dann immer noch schneller auf einem Bein hüpfen als die allermeisten anderen Kellner auf zwei Beinen.

Ich würde mir wünschen, dass Sie sich für Ihre Intention auch ein Bein ausreißen – wieder metaphorisch gesprochen.

Welches ist der Unterschied zwischen einem Ziel und einer Intention? Wenn Sie vom Kopf her aufgrund von rationalen Gründen etwas erreichen wollen, haben Sie ein Ziel. Gut, Ziele haben Sie hoffentlich und können den jeweiligen Erreichungsgrad aufgrund der Rationalität von Zielen auch objektiv messen.

Es wird vom Chef ein Ziel vorgegeben, so die Praxis, dann wird ein Jahr nicht drüber gesprochen, so die weitere Praxis, und nach einem Jahr gibt es dann den Vorwurf, dass der böse Mitarbeiter das Ziel nicht erreicht hat. Was für eine Überraschung! So das Ergebnis der traurigen Praxis.

> Ziele sind nicht sehr bewegend, daher funktionieren ja auch nur maximal 1 Prozent der Zielvereinbarungen in den Firmen.

Ein Ziel kann zum Beispiel sein, innerhalb von 40 Jahren 100 Länder bereist zu haben. Das klingt erst mal gut. Da könnten Sie jetzt reisen, abhaken, reisen, abhaken und so weiter. Doch wenn es aufgrund der geringen Inbrunst bloß ein Ziel ist, dann reicht die Emotion nicht aus, um den Aufwand für 100 Reisen an Geld, Widerstand und Zeit aufzubringen. Ein Ziel wird schnell wie eine heiße Kartoffel fallen gelassen, wenn es zu Schwierigkeiten kommt.

Eine Intention ist emotionaler, berührender, satter, umfassender, erfüllender. Sie geht tiefer, kommt aus unserem Herzen und leitet uns. Wenn Sie das Bereisen der 100 Länder als wirkliche Intention haben, dann lassen Sie sich nicht von Reisewarnungen des Auswärtigen Amtes, Epidemien oder Problemen bei der Einreise abhalten.

Wenn Sie einmal das Gefühl einer Intention haben und diese nicht ausreichend verfolgen, sich ablenken lassen oder Ausreden zulassen, dann werden Sie unglücklich.

Stellen Sie sich vor, ein Sänger würde auf der Bühne ein Lied vortragen, ohne dabei etwas zu fühlen. Dann hat er vielleicht das Ziel gehabt, ein Konzert zu geben. Nicht aber die Intention, selbst etwas zu fühlen, was dann auf seine Zuhörer überspringt. Eine Intention könnte hier lauten: „Ich singe, um mich wohlzufühlen und meine Zuhörer zu erreichen." Ziel und Intention unterscheiden sich verbal wenig.

Sie geht weit über rationales Verständnis hinaus. Daher kommt die Kraft der Intention.

> *Den Unterschied zwischen einem Ziel und einer Intention spüren Sie eher, als dass sie ihn verstehen. Die Intention bringt die Saiten der Seele zum Klingen.*

Sie erkennen also anhand von emotionaler Intensität, ob Sie es mit einem Ziel oder einer Intention zu tun haben. Die Leute mit der fixen Idee, Spanisch zu lernen, brechen den Kurs nach der ersten Hälfte wegen der Hausaufgaben und des Vokabellernens ab. Die mit Ziel machen den Kurs noch leidenschaftslos zu Ende. Aber die mit der echten Intention, auf Spanisch eine Dissertation über den von ihnen verehrten Paulo Coehlo zu schreiben, machen noch 10 Aufbaukurse, nehmen sich einen Privatlehrer und reisen im Urlaub immer für Sprachkurse nach Spanien.

Wie sieht es bei Ihnen aus?

Kommen wir nun mit einer so einfachen (nur die Antwort ist schwer zu finden, aber kaum ein Zeitaufwand lohnt sich mehr) wie wichtigen Frage zu Ihnen:

Nehmen wir an, Sie wären neben fünf anderen Menschen der Mittelpunkt einer wissenschaftlichen Untersuchung mit

> Sie haben ein Leben geschenkt bekommen. Was fangen Sie jetzt damit an?

dem Titel „Über den Zusammenhang von persönlicher Intention und erfülltem Leben". Die anderen fünf hießen Mahatma Gandhi, Michael Phelps, Mutter Teresa, Kofi Annan und Usain Bolt. Wenn ein Teil der wissenschaftlichen, also möglichst neutralen und objektiven Untersuchung Ihre Intention im Vergleich zu den anderen zum Inhalt hätte, wie lauteten die Ergebnisse? Gandhi tritt für ein gerechtes Indien ein, Phelps für das Gewinnen von Goldmedaillen, Mutter Theresa für ein Verschwinden der Hungersnöte auf der Welt, Kofi Annan für Weltfrieden und Usain Bolt für den neuen Weltrekord. Und das beste Siegerfoto. Und was stünde bei Ihnen? Hören Sie auch die Musik von Jeopardy? Sie haben noch zehn Sekunden Zeit. Na, welches ist Ihre Intention?

Wenn ich diese Frage in meinen Seminaren und Vorträgen stelle, schauen viele betreten zu Boden, kratzen sich am Hals oder malen Bildchen in ihre Unterlagen. Das ging mir auch so. Mein Leben lief doch ganz gut, warum dann eine Intention?

Ich würde mir wünschen, dass Sie mehr Intention im Leben haben. Nicht dass Sie gleich Ihren Job kündigen, aber die eine oder andere Stunde für das Erkennen und Verfolgen Ihrer Intention würde gar nicht schaden. Treten Sie in Ihren Fernseher und lesen Sie stattdessen ein Buch.

Ich möchte Ihnen vorschlagen, in den nächsten Wochen einige Male in Ruhe über diese beiden Fragen nachzudenken:

Diese Fragen können Ihnen auf dem Weg zu Ihrer persönlichen Intention helfen. Denn eine wirkliche Intention mit Strahl-

> „Woran erkenne ich im Rückblick, dass ich mein Leben mit Intention gelebt habe?"

> „Was würde ich mit meinem Leben anfangen, wenn es egal wäre, was andere von mir denken?"

kraft kommt von innen, aus Ihrem Zentrum. Sie ist größtenteils unabhängig von dem, wie Sie glauben, sein zu sollen. Ihre Basis ist kein „Man macht das so", sondern eher ein „Ich mache das so".

Mein Vorschlag zum Finden Ihrer persönlichen Antworten: Legen Sie das Buch weg, schnappen sich etwas um zu Schreiben (ja, es kann auch Ihr Smartphone sein, aber schalten Sie es in den Flugmodus), gehen Sie spazieren und denken über diese Fragen nach.

> Niemand wacht morgen früh auf und läuft den New York Marathon erfolgreich.

Haben Sie mit sich und der Frage Geduld. Sie müssen sich für die Beantwortung Zeit nehmen. Gehen Sie in die Tiefe, in die Breite, im Kreis, hören Sie in sich hinein, verwerfen Sie mutig auf den ersten Blick gute Ideen.

Die Zeit, die Sie an dieser Stelle investieren, ist unbeschreiblich wertvoll. Sie bekamen, von irgendwoher, ein Leben geschenkt. Also haben Sie eine einzige Chance, es mit Ihrer ganz persönlichen Intention zu leben. So gestalten Sie ein Meisterwerk. So können Sie sich bedanken. Indem Sie das Bestmögliche aus dem Geschenk machen, das Sie nur einmal bekommen. Treten Sie es nicht mit Füßen, sondern tragen Sie es auf den Händen. Gehen Sie dabei in Richtung Ihrer Intention und Sie werden glücklich, erfolgreich und gelassen.

Sie haben nicht nur das Recht, sondern auch die Chance auf ein erfülltes Leben. Der Weg dorthin besteht aus der Verfolgung Ihrer selbst gewählten Intention, trotz aller Widerstände und Schwierigkeiten.

Es geht mehr darum, im Laufe der Zeit eine persönliche Intention zu finden, als jetzt sofort eine zu haben. Sie brauchen und können nach diesem Kapitel nicht plötzlich „erwachen", Ihre wahre Intention erkennen und diese dann immer verfolgen. Können Sie natürlich schon, aber das ist sehr unwahrscheinlich. Aber Sie können nach diesem Kapitel jeden Tag ein wenig dafür tun, um sie zu erkennen. So finden Sie im Laufe der Zeit heraus, welches Ihre erfüllende, inspirierende Intention sein kann.

Können Sie morgen Ihre Intention finden und fortan für sie leben? Ich weiß es nicht. Aber Sie können morgen etwas tun, um sie zu zu finden. Das weiß ich. Das erlebe ich. Was ich kann, können Sie schon lange. Jeden Tag ein bisschen.

Für mich war ein guter Grund, mich mit meiner Intention zu beschäftigen, ein unangenehmes, aber ehrliches Nein auf die folgende Frage: „Kriegen Sie im Leben das, was Sie wollen?" Wenn nicht, müssen Sie sich ändern. Lassen Sie uns hierfür eine kleine Inventur durchführen, einen Blick auf Ihr Leben werfen. Es gibt hierfür eine große Anzahl klassischer Coachingfragen, die Sie sich im Sinne eines Selbstoachingprozesses stellen können und am besten schriftlich in Stichpunkten beantworten. Lesen Sie erst mal alle durch und nehmen Sie sich dann eine pro Woche vor. In der Ruhe liegt die Kraft, Sie wissen schon.

Haben Sie bereits das erreicht, was Sie erreichen wollten?

Was in Ihrem Leben passiert immer wieder, obwohl Sie nicht wollen, dass es Teil Ihres Lebens ist?

Welche Situationen erleben Sie immer wieder mal, die Sie eigentlich nicht mehr erleben wollen?

Aufgrund welcher Ihrer Eigenschaften halten sich manche Menschen von Ihnen fern?

Wie lautet Ihre Philosophie des Lebens?

Welche Angewohnheiten haben Sie, die Sie sich mal genauer ansehen sollten, um sie eventuell aus Ihrem Leben zu werfen?

Was glauben Sie tun zu müssen, das Ihnen aber eigentlich überhaupt nicht guttut?

Welche Ängste oder welcher Glaube hält Sie immer wieder dabei zurück, einfach Ihr Ding zu machen?

Was im Leben kriegen Sie einfach noch nicht gebacken?

Welche bessere Fähigkeit würde Ihnen guttun?

Lieben Sie sich begeistert?

Welche eine Sache müssten Sie einfach mal sein lassen?

Leben und lieben Sie Ihren Traum?

Wenn Sie ein Jahr lang die Garantie hätten, nicht zu scheitern, was würden Sie tun?

Warum würde ein Mensch, der Sie wirklich gut kennt, nicht mit Ihnen eine Beziehung eingehen?

Welches war im letzten Jahr der größte Rückschlag?

Auf welchen Talenten und Begabungen sitzen Sie?

Was würde Sie glücklich und stolz machen?

Wenn Sie noch ein Jahr zu leben hätten, wie würden Sie das Jahr gestalten?

Ich weiß, zum Teil stellen die Fragen ganz schön harten Tobak dar. Doch damit nicht genug: Die Fragen, welche Ihnen am unangenehmsten oder aber am seltsamsten vorkommen, könnten die wertvollsten sein. Natürlich ist es an einigen Stellen hart, mit sich ins Gericht zu gehen. In den Spiegel zu schauen. Aber nur durch Druck wird Kohle zum Diamanten.

Seien Sie ehrlich zu sich. Denn Wahrheit hat etwas Befreiendes.

Die Fragen beziehungsweise Ihre Antworten können Ihnen dabei sehr behilflich sein, der Definition Ihrer Intention ein großes Stück näher zu kommen. Nach einer durchaus schmerzhaften Geburt.

Nehmen wir also an, Sie haben etwas gefunden, das Sie anstreben wollen und worin Sie einen größeren Sinn sehen. Sie sind startklar. Ihre Intention, also das, was Sie mit Ihrem Leben anstellen wollen, ist definiert.

Sie haben dabei nur ein einziges klitzekleines Problem: Sie sind darauf trainiert, andere glücklich zu machen. Sich anzupassen. Anderen zu gefallen. Es anderen recht zu machen. Anderen gute Ratschläge zu erteilen. Aber Sie sind nicht darauf trainiert, an das zu denken und das zu verfolgen, was Sie glücklich machen würde. Ich höre Ihre innere Stimme des angepassten Ichs: „Das ist schlecht! Wie egoistisch. Eine Intention, der denkt ja nur an sich!" Dabei geht es hier einfach um eine Balance von „Ich" und „Du", um ein ausbalanciertes „Wir", in dem alle Beteiligten die Chance haben, gesehen zu werden. Also auch Sie. Und das kommt leider in viel zu vielen Fällen zu kurz.

Mir hat ein Coach mal gesagt: „Du bist gestresst, wenn du dich verrätst und es allen recht machen willst."

> *Werden Sie zum größten Fan Ihrer selbst. Machen Sie jeden Tag mindestens einen Menschen glücklich. Fangen Sie damit bei sich an.*

Anfangs hatte ich an der Aussage schwer zu knacken, dann wurde sie mir aber klar: Wenn einem Schauspieler die Meinung aller wichtig wäre, könnte er keinen einzigen Film drehen. Ein Film, tausend Erlebnisse. Warum? Weil es nicht um den Film geht, sondern um den Betrachter.

Ich bin für das Erkennen und Verfolgen meiner Intention verantwortlich und nicht dafür, was andere von ihr oder mir halten.

> *Ich bin dafür verantwortlich, was ich sage und tue – und nicht dafür, was andere davon halten.*

Wenn mein Leben mal zu Ende geht, ohne dass ich es mit Intention geführt habe, hilft mir dann die Ausrede „Ich habe meine Intention verraten, damit es den anderen gut geht"? Sicherlich nicht, sondern ich würde mich gleich doppelt ärgern.

Derselbe Coach fragte mich dann übrigens zwecks Erkennen meiner Intention auch noch: „Stell dir vor, du hättest die Garantie, dass du nicht scheitern kannst. Was würdest du mit deinem Leben anfangen?" Mir haben diese Momente sehr gut bei der Suche nach meiner Intention geholfen. Warum nicht auch Ihnen?

Doch jetzt mal unter uns: Wollen Sie überhaupt eine Intention haben? Wollen Sie ein Leben führen, das von einer Intention geprägt ist? Überlegen Sie sich das genau, denn Sie haben drei Risiken: Erstens kann es sein, dass Sie sich vertun und eine falsche Intention verfolgen. Zweitens werden Sie auf

Widerstände, Probleme und Schwierigkeiten stoßen. Drittens kann es sein, dass Sie Ihre Intention zwar erkennen, aber nicht genügend Power, Talent oder Aufopferungsbereitschaft haben. Zumindest sind das die drei Hauptgründe, warum nur ein verschwindend geringer Teil der Menschen in ihrem Leben eine Intention verfolgen. Gehen Sie das Risiko ein, seien Sie stark und mutig. Es lohnt sich, denn es ist besser, etwas zumindest versucht zu haben.

Eines kann ich Ihnen noch versprechen: Wenn Sie sich auf die Suche nach Ihrer Intention machen, dann spüren Sie irgendwann, dass Sie sie gefunden haben. Dann sprühen Sie vor Begeisterung, schnellen morgens aus dem Bett, sind zu Leistungen fähig, die Ihnen jetzt noch fernab des Möglichen erscheinen. Und fallen abends erschöpft, aber glücklich ins Bett.

Dann ist Ihnen das Fernsehprogramm egal, dann treffen Sie auf Menschen mit ähnlicher Intention. Dann sind Sie erfüllt, haben Fahrt aufgenommen, können über Neider, Schwarzseher und Bedenkenträger nur noch schmunzeln. Sie freuen sich auf die nächsten Schwierigkeiten am Wegesrand der Intention.

Weil jeder Aufwand es wert ist, ein Leben mit Intention zu führen.

Mit Mut und Schwung zur Intention

Es reicht nicht aus, nur eine schicke Intention zu haben, egal wie wertvoll oder psychologisch schlau sie formuliert sein mag. Dann könnte es ja jeder.

Der wahre Wert einer Intention hängt zu 99 Prozent davon, ob Sie 100 Prozent für Sie geben. Wenn Sie nicht mutig und voller Energie sind und alles in

> Viele lieben den Zustand, motiviert zu sein; nur handeln wollen sie nicht.

Ihrer Macht Stehende für sie tun, hilft Ihnen Ihre Intention überhaupt nicht weiter. Im Gegenteil, sie frustriert. Leider sind genau diese beiden Voraussetzungen etwas, das viele Menschen nicht regelmäßig an den Tag legen: Mut und Energie. Haben Sie bitte gerade in diesem Zusammenhang im Kopf, dass Sie die Energie und Aktionen mal endlich nicht für die Interessen der anderen investieren, sondern für sich und Ihr glückliches Leben.

Ein kurzes Gedicht von Berton Braley zeigt Ihnen, was ich damit meine:

The will to win

If you want a thing bad enough
To go out and fight for it,
Work day and night for it,
Give up your time and your peace and
Your sleep for it

If only desire of it
Makes you quite mad enough
Never to tire of it,
Makes you hold all other things tawdry
And cheap for it

If life seems all empty and useless without it
And all that you scheme and you dream is about it,

If gladly you'll sweat for it,
Fret for it, Plan for it,
Lose all your terror of God or man for it,

If you'll simply go after that thing that you want.
With all your capacity,
Strength and sagacity,
Faith, hope and confidence, stern pertinacity,

If neither cold, poverty, famished and gaunt,
Nor sickness nor pain
Of body or brain
Can turn you away from the thing that you want,

If dogged and grim you besiege and beset it,
You'll get it.

~ Berton Braley

Das offene Buch des Lebens zeigt uns immer wieder: Der größte Mut erhält die größte Belohnung. Zwei Beispiele gefällig? Manchmal kalkulieren wir Angebote für Seminarreihen bei Firmen und kommen aufgrund des Aufwands zu hohen Investitionen. Als „netter Mensch" bin ich dann manchmal geneigt, mein Honorar zu kürzen, und brauche tatsächlich Mut und Konsequenz, um das kalkulierte Honorar anzubieten.

Wenn sich ein Top-Kunde mal nicht an Absprachen hält und ich diese Abweichung ansprechen muss, geht mir manchmal immer noch, auch nach 25 Jahren der Selbstständigkeit, die Düse, wie man im Ruhrgebiet sagt. Er könnte ja abspringen, sauer sein, meine Mitarbeiter und mich nicht mehr buchen, so die Geschichte meines ängstlichen Verstandes.

In solchen Situationen hilft mir oft die Idee „größter Mut, größte Belohnung". Denn die Praxis zeigt: Mein Mut wird immer wieder belohnt.

Wie viel Prozent sind Sie bereit zu geben? Und Sie wundern sich, dass es nicht funktioniert?

Wenn Sie Mut und Energie haben wollen, dann brauchen Sie vor allem einen verdammt guten, also emotionalen (!), Grund. Es gibt so viele

Geschichten, in denen Eltern ihre Kinder mit nahezu „unmenschlichem" Mut und Energie aus dem tosenden Meer vor dem Ertrinken gerettet haben. Doch ist das überhaupt nicht unmenschlich, sondern menschlich. Es braucht für solche Situationen eben „nur" gute Gründe. Wozu das Retten Ihrer Kinder genauso gehören sollte wie das Retten Ihrer Intention.

Schauen wir uns also mal an, wie Sie zu noch mehr Mut und Schwung kommen. Immer wieder bemerke ich nämlich, dass ich auf dieselben grundsätzlich wichtigen Stellschrauben achten muss, um in Sachen Intention voranzukommen:

Zunächst einmal muss sie wirklich riesig sein, sie muss unvorstellbar groß sein – und gleichzeitig muss ich an sie glauben. Sie setzt nur dann richtig Feuer für die Umsetzung frei, wenn diese beiden Dinge erfüllt sind. Das wirkt jetzt vielleicht widersprüchlich. Aber wenn ich mich frage, was die Intention emotional mit mir macht, und dann „nix spüre", dann ist es keine Intention. Beim bloßen Gedanken an sie muss ich abgehen wie Schmidts Katze. Ich muss richtig Lust auf Action haben. Dafür muss ich auch an mich glauben, an die nächstbessere Version meiner selbst.

Dann ist sie zu klein und damit nicht ausreichend motivierend. Sie muss so groß sein, dass ich auf dem Weg zu ihr noch besser werden muss, um

> *Zu Beginn einer Intention darf ich noch nicht der sein, der sie erreichen kann.*

sie erreichen zu können. Ich achte also sehr darauf, dass ich meine Intention zwar mit Leben füllen kann, dafür aber noch jede Menge lernen muss.

Deutlich wird das mit einer kleinen Testfrage. Wenn Sie wüssten, es sei machbar: Wofür würden Sie sich mehr anstrengen? Für 10 Euro oder für 10 Millionen Euro?

Hier habe ich noch zwei Tipps, die mir konkret dabei geholfen haben, auf meine wirkliche Intention zu kommen. Der eine ist eine kleine mentale Übung, deren Anleitung lautet: „Nenne eine wahre Lüge über dich selbst." Klingt komisch, hat aber faszinierendes Potenzial: Wer könntest du noch sein, bist es aber noch nicht? Zum Beispiel könnte ich der berühmteste

Autor für Ratgeber in Deutschland, Österreich und der Schweiz sein. Bin ich aber noch nicht. Ich liebe diese Übung, weil sie kreatives Potenzial freisetzt und so meine einschränkenden Denkregeln außer Kraft setzt.

Der andere Tipp besteht darin, dass Sie sich selbst als Hauptperson in einem Top-Ten-Film sehen. Was hat die Person drauf? Mit welcher Intention lebt sie? Wie denkt sie? Was ist ihr wichtig? Wofür setzt sie sich ein? Auch auf diese Weise gelingt es, den Alltag zu verlassen und sich zu überlegen, was Ihre Intention an Größe und Strahlkraft besitzen kann. Unter Angst lassen wir uns so oft von unserer Fantasie über die Zukunft eiskalt packen. Denn Angst braucht Zukunft, so wie Ärger Vergangenheit braucht. Denken Sie darüber mal in einer stillen Minute nach. Aber jetzt nutzen Sie Ihre Fantasie für etwas anderes. Für das aktive Gestalten Ihrer erfüllenden Intention.

Um mich für meine Intention wirklich einzusetzen, war es außerdem sehr wichtig, meinen Wunsch nach Anerkennung zu reduzieren. Früher habe ich immer mit einem Auge darauf geschielt, was andere so machen und von meiner Intention halten würden. Als ich verstanden habe, dass ich für mein Leben verantwortlich bin, meine eigenen Regeln schreiben darf und dann nach ihnen leben sollte, konnte ich mich viel freier und energiegeladener um meine Intention kümmern. Dazu lege ich mich mental immer wieder mal auf mein Sterbebett und prüfe, wie ich solche Fragen beantworten würde: „Christian, hast du vorwiegend dein Leben oder das der anderen gelebt? Hast du nach deinen Regeln oder nach denen der anderen gelebt? Warst du frei oder abhängig? Hast du die einmalige Chance genutzt, aus deinem Leben dank einem Leben mit Intention ein individuelles Meisterwerk zu machen?"

Die meisten Menschen leben so, als hätten sie ewig Zeit.

Seitdem ich mir sehr bewusst bin, dass das Leben endlich ist und ich nicht weiß, wie viel Zeit ich für das Erreichen meiner Intention habe, tue ich viel mehr für sie, schiebe Wichtiges nicht auf, Unwichtiges aber schon. Außerdem setze ich mich mit viel mehr Schwung für sie und damit auch für mich ein. Machen Sie das auch.

Darüber hinaus fällt mir immer wieder auf, wie wichtig es für ein Leben mit Intention ist, freundlich und dankbar Nein zu sagen. Oft erhalte ich Anfragen von Kunden oder Projektvorschläge von meinem Team, die sehr verlockend klingen, aber nach näherer Prüfung nicht zur Intention beitragen. Dann ist es wichtig, stark zu sein und die Anfrage oder den Vorschlag abzulehnen. Mit beidem hatte ich lange Zeit große Schwierigkeiten. Natürlich aus dem Wunsch heraus, verdiente Anerkennung zu erhalten. Nachdem ich aber einige Male feststellen konnte, wie viel Zeit und Energie ich für meine Intention gewinne, wenn ich Nein sage, fällt es mir mittlerweile recht leicht, dankend abzulehnen. Dazu habe ich ein persönliches System entwickelt, von dem Sie vielleicht auch profitieren können. Zuerst frage ich mich, ob die Idee zu meiner Intention beiträgt. Danach reflektiere ich, um zu erkennen, ob ich von der Idee begeistert bin. Nur wenn ich beiden Fällen ein großes Ja spüre, sage ich Ja. Das dauert nur ein paar Sekunden und erspart mir tagelange Arbeit, Überforderung und Verzettelung.

Ein weiterer Punkt fällt mir immer wieder schwer: Um für meine Intention die PS auf die Straße zu kriegen, muss ich immer wieder das Motto beherzigen: „Raus aus der Komfortzone!"

„Leider" durfte ich feststellen, dass Bequemlichkeit keine Strategie ist, um die Früchte eines Lebens mit Intention zu genießen. Es reicht natürlich nicht aus, einen Wunsch ins Universum zu senden und dann darauf zu hoffen, dass er erfüllt wird. Sondern ich muss Dinge tun, die in der Stretchingzone liegen. Die liegt zwischen Komfortzone und Panikzone. Sie brauchen sich das nur wie drei ineinanderliegende, unterschiedlich große Kreise vorstellen.

Innen die Komfortzone, drum herum die Stretchingzone und außen die Panikzone. Natürlich ist die Panikzone zu meiden und ein erholsamer Aufenthalt in der Komfortzone hilft dabei, die Akkus wieder aufzuladen.

Aber eine Intention von Größe und Bedeutung erreiche ich nur, wenn ich immer wieder ganz bewusst „stretche". Also mal auf eine verlockende Party verzichte, weil ich an dem Wochenende auf ein Seminar gehen will. Oder einen Mitarbeiter freisetze, der einfach nicht genug zur Intention beiträgt. Eine größere Investition tätigen, die aus dem üblichen Rahmen fällt.

Mit welcher Hand können Sie besser dribbeln? Mit rechts oder mit links? Okay, vielleicht mit rechts. Warum? Ganz einfach, weil Sie mit rechts mehr geübt haben. Ich stelle fest, dass die Umsetzungsorientierung genau so eine Übungssache ist wie Mountainbike fahren, Turmspringen oder Autofahren. Nur bedarf es für eine Verbesserung des Dribbelns mit der schwachen Hand eben Training in der Stretchingzone.

Lange Zeit habe ich mir öfters bei YouTube motivierende Filme angesehen und mich dann gefühlt wie Superman, Spiderman und Batman in einer Person. Wenn Sie das auch mal erleben wollen, geben Sie einfach bei YouTube „Motivation" ein und schauen sich am besten diejenigen amerikanischen und englischen Ursprungs an. Großartig – wenn Sie dafür einen Sinn haben! Die Bilder, die Geschichten erfolgreicher Leute, die Musik dazu.

Da wird der Pinscher zum Pitbull. Aber auch hier gilt: Hunde, die bellen, beißen nicht. Stimmt übrigens, aber sie können mit der Wade des Postboten im Maul immer noch knurren. Zurück zum Thema: Ich war dann zwar bis in die Zehenspitzen motiviert, habe diese Energie aber nicht in Taten umgesetzt. Damit hatte meine Intention nichts davon, dass ich eine halbe Stunde Videos gesehen habe. In der Zeit hätte ich auch Passagen meiner Vorträge üben können.

Heute gehe ich immer in derselben Reihenfolge vor. Wenn ich mir etwas Neues aneignen will, zerlege ich das große Ganze in kleine Schritte und arbeite diese dann der Reihe nach ab. Das geht recht gut, weil die einzelnen Teile überschaubar sind und das Große seinen anfänglichen Schrecken verliert.

Wenn Sie also beispielsweise lernen wollen, Unangenehmes anzusprechen, üben Sie das zuerst mit den Kindern fremder Leute. Achtung, was jetzt kommt, ist nicht ganz ernst gemeint. Wenn Sie das nächste Mal einen Fünfjährigen sehen, der erst in der Nase bohrt und dann mit demselben Finger die Kohlrabi im Gemüsestand untersucht, gehen Sie hin, bauen sich vor ihm auf und sagen mit dunkler Stimme und eindringlichem Blick: „Hey du, ich finde es ja schön, dass du die Welt entdeckst, aber fass hier nie wieder irgendwas an."

Die echte Herausforderung, das echte Training, wird dann wahrscheinlich die Diskussion mit Erziehungsberechtigten sein. Aber wenn Sie Glück haben, schauen die gerade auf ihr Smartphone oder sind von der Anzahl der verschiedenen Joghurts im Kühlregal überwältigt und haben von Ihrer Aktion gar nichts mitbekommen.

Der Sinn solcher Übungen: Werden Sie besser darin, unangenehme Themen, die aber für Ihre Intention wichtig sind, anzusprechen. Üben Sie das in kleinen Schritten. Niemand isst den Thunfisch auf einmal. Wenn Sie mal ein ausgewachsenes Exemplar gesehen haben, wissen Sie, warum er in Scheibchen geschnitten wird.

Nun haben Sie nicht nur erfahren, wie wichtig eine Intention für ein erfülltes und freies Leben ist und wie Sie Ihre persönliche, individuelle Intention entdecken können, sondern auch gleich noch Ideen bekommen, wie Sie sie umsetzen können.

Doch sei noch ein Hinweis erlaubt. Immer wieder wird das Wort „authentisch" strapaziert und breit diskutiert. Welche Bedeutung es hat, was es sein könnte und wie wichtig es ist. Ich mache es an dieser Stelle gerne kurz und bündig. Mein Verständnis von Authentizität:

Vergessen Sie Ihr Schulwissen und Ihr Schuldgefühl. Ziehen Sie Ihr Ding durch. Handeln **Tun Sie das, was zu Ihnen passt!** Sie bewusst und aus der inneren Ruhe heraus. Seien Sie mit sich im Reinen und handeln Sie ausgehend von Ihrem inneren Kern. Entdecken und folgen Sie Ihrer vorhandenen Weisheit, Ihrem gesunden Menschenverstand.

Lassen Sie sich schon gar nicht von solchen Leuten beraten. Dann ist auch die Chance am größten, dass es was mit Ihrer Intention wird.

Lassen Sie sich mit Ihrer Intention nicht von anderen irritieren, die mit ihrem unerfüllten Leben unzufrieden sind.

Nicht jeder kann die Wale retten, auf den Kilimandscharo rennen oder ein Mittel gegen Alzheimer erfinden.

Aber: In jedem Menschen schlummert das Potenzial, aus seinem Leben etwas Besonderes zu machen. Dafür zu sorgen, am Ende des Lebens wenig zu bereuen. Wann immer Sie Schwierigkeiten dabei haben, für Ihre Intention einzutreten und sich für sich und das einzusetzen, was Ihnen am Herzen liegt, denken Sie an diese beiden Sätze:

Ich bin wertvoll. Es ist möglich.

2.
Energie ist der Schlüssel

Kennen Sie noch den Spruch einer Anfang der 90er-Jahre recht beliebten Kneipenkette „Runter vom Sofa, rein in die Steffi"? Ich habe den Rat einige Male befolgt, Steffi aber nie gefunden. Leider, bestimmt war sie sympathisch. Eines jedoch zeigt dieser Spruch, auch wenn das speziell wohl nicht gewollt war: Wir müssen uns erst aufraffen, bevor wir belohnt werden.

Wir brauchen einen energiegeladenen Zustand, um das zu kriegen, was uns wichtig ist.

Nicht Talent, IQ oder Wissen. Um das zu erkennen, brauchen Sie sich nur anzuschauen, wer ungewöhnlichen Erfolg hat. In den mir bekannten Fällen spie-

> **Außergewöhnliche Energie ist die Voraussetzung für außergewöhnliche Leistung.**

len diese drei Aspekte dabei eine geringere Rolle als pure Power.

Eine Firma retten Sie nicht mit überragendem BWL-Wissen, sondern mit – genau, Elan und Einsatz. Stellen Sie sich einen Projektleiter vor, der zwar über

> **Eine Ehe wird nicht mit theoretischem Fachwissen gerettet, sondern mit Elan und Einsatz.**

eine umfangreiche Erfahrung, aber keinen Schwung verfügt. Das kann nicht gut gehen.

Sie können den besten Sportwagen der Welt haben, ohne Benzin (also Energie) fährt er nicht.

Daher frage ich Sie direkt zu Beginn: „Wie wichtig ist Ihnen Ihre Energie? Wie sehr kümmern Sie sich darum, Elan, Schwung und Power zu haben? Was tun Sie dafür, ausgeruht und ein Mensch mit Pepp zu sein? Die eigene Energie auf einem hohen Niveau zu halten, ohne dabei auszubrennen? Brauchen Sie acht Stunden Schlaf und trotzdem drei Wecker? Sind Sie mit der Energie, die Sie gestern hatten, voll und ganz zufrieden? Und wenn ja, haben Sie Ihre Energie in Ihrem Sinne investiert? Ist Ihr aktuelles Gesundheitsverhalten die beste Art, mit Ihrem Körper umzugehen?"

Denken Sie über diese Fragen mal nach. Jetzt.

Sie können Ihr Leben in zwei Zuständen führen und alles im Leben in Zuständen tun: mit oder ohne Energie. Mit Energie meine ich hier Schwung, Elan, Pep und Power. Mir fehlt das bei so vielen Menschen.

Häufig will ich zu einem „Verkäufer" im Saturn gehen und ihn fragen: „Kann ich Ihnen helfen?" Wenn ich dann von ihm zum gewünschten Produkt geführt werde, will ich die meisten dorthin tragen, zumindest aber stützen. Dann kommen wir nicht nur eher an, sondern ich vermeide auch seinen Zusammenbruch auf dem Weg dorthin. Ich höre bereits den Aufschrei der professionellen Empörer: „Die kriegen so wenig Geld, von sonstiger Anerkennung ganz zu schweigen! Es gibt so viele unverschämte Kunden! Und die Luft ist da so schlecht, von Tageslicht ganz zu schweigen. Die ganzen Strahlen durch die Elektrogeräte!" Falsch. Einerseits sind nicht alle so und gehen ihrem Job als Schlaftabletten auf zwei Beinen nach, andererseits machen das alle freiwillig. Auch wenn man aufgrund ihrer Ausstrahlung schnell meinen könnte, sie würden gezwungen, dort zu arbeiten.

Natürlich gibt es auch immer wieder mal einen, der seiner Tätigkeit mit Elan und Enthusiasmus nachgeht. Was macht der richtig? Ganz einfach: Arbeiten muss er sowieso, also kann er es auch mit Schwung tun. Dann geht es nicht nur schneller vorbei, sondern er hat auch mehr Spaß. Also: Energie ist die Losung.

Ich möchte hier mit einigen viel zu weit verbreiteten Missverständnissen aufräumen. Viele Menschen glauben nämlich, sie müssten mehr tun, um mehr Energie zu haben. Das ist falsch. Richtig ist, dass sie von einigen Dingen weniger tun müssen. Denn:

Sie haben genug Energie für alles, was Sie im Leben erreichen wollen.

Sie brauchen nur dafür zu sorgen, keine Energie zu verschwenden. Sie sich nicht selbst zu nehmen. Wie? Zum Beispiel, indem Sie sich Sorgen machen, sich ärgern oder Aufgaben aufschieben. Diese werden doch nur immer größer, je länger Sie sie aufschieben.

Das ist für Sie ungesund und es wirkt auf andere gestellt. Allerdings scheinen viele Menschen nach dem Motto handeln zu müssen: Im Leben müde sein, aber sich bei der Präsentation einmal vorübergehend lebendig geben.

> Elan heißt nicht, sich krampfhaft zusammenzureißen und alle noch verbliebenen Kräfte zu mobilisieren.

Das geht ganz anders und ebenso einfach: Wenn Sie an etwas Interesse und Spaß haben, müssen Sie dann Energie aufbauen, um es zu tun? Nein! Sie tun es einfach. Wenn Sie sich also zu Dingen aufraffen wollen, die Ihnen noch schwerfallen, dann geht es erst mal darum, an den Dingen Interesse zu haben und den Spaß zu sehen.

Dafür brauchen Sie nur die Erklärung oder die Bewertung zu ändern. Wenn es Ihnen schwerfällt, Energie zum Sport aufzubringen, dann können Sie sich überlegen, ob Sie dankbar sein sollten, Sport treiben zu können. Dazu finden Sie mehr im Kapitel Dankbarkeit, aber die Grundregel für das Freisetzen von Kraft bedeutet: Machen Sie aus der großen Schwere große Leichtigkeit.

Viele Menschen denken direkt an Energydrinks, wenn sie mehr Energie haben wollen. Hut ab vor dem Marketing der Produzenten, Hut ab, Herr Mateschitz. Wir hier machen es ganz natürlich, ohne Chemie, Drinks und Pillen. Klar können Sie Energydrinks zu sich nehmen – wenn Sie unter 25 sind, sonst wirkt es nicht mehr cool. Tunken Sie lieber eine Banane in ein Glas Nutella.

Aber es gibt noch andere Möglichkeiten, Elan zu behalten, ohne dick und rund zu werden. Seien Sich bewusst: Sie kriegen keine Energie, Sie produzieren sie. Diese Tatsache nehme ich nun zum Anlass, Ihnen einige Hinweisschilder auf dem Weg zu neuem Schwung aufzustellen.

Auf sie mit Gebrüll

Letztens kam es wieder zu einer meiner liebsten Fragen nach einem Vortrag: „Ich kann nicht mehr. Ich bin erschöpft. Wie kann ich wieder mehr Energie aufbauen?" Endlich! Da ist jemand, der sein Leben mit mehr Schwung führen will. Nachdem ich diese ehrliche Freude ausgedrückt habe, antworte ich: „Du musst täglich mehr Energie in deinem Leben haben wollen!"

Entschuldigen Sie die Banalität des Ganzen, aber wenn etwas nun mal banal ist, sollte es meiner Meinung nach nicht verkompliziert werden. Dann mag es zwar wertvoller erscheinen, wird es aber nicht. Bei dem Wollen geht die Reise los, nicht bei Technik oder Anwendung. Es geht also wieder mal um Ihre Motivation, nicht um Taktik oder Strategie.

Bitte fragen Sie sich selbst, warum Sie denn überhaupt mehr Energie haben wollen. Worauf verzichten Sie, wenn Sie nicht mehr Fahrt aufnehmen und die Aufgaben des Lebens nicht mit mehr Schmackes angehen?

> Wer nicht gewinnen will, für den ist jede Strategie irrelevant.

Sobald Sie das klar vor Augen haben, brauchen Sie nur noch eine kleine Auswahl der folgenden Tipps umzusetzen. Versprochen!

Wenn ich einen Tipp besonders betonen müsste, dann wäre es dieser hier:

Präsenz im Sinne von hoher Aufmerksamkeit für den Augenblick ist die Grundvoraussetzung! Dann fließt Ihre

> Maximale Präsenz ermöglicht maximale Energie.

ganze Lebensenergie in Ihr Leben. In Präsenz sind Sie gedanklich weder in der Vergangenheit noch in der Zukunft, sondern in der Gegenwart, also im Präsens. Leicht zu merken, oder? Damit können Sie auf jeder Party angeben: erklären, was es bedeutet, präsent zu sein. Denn viele reden davon, wenige wissen, was es ist, und noch weniger sind es.

Probieren Sie es einfach mal aus und seien Sie die nächsten fünf Minuten sehr präsent. Egal was das für Sie oder für andere bedeuten mag. Wichtig ist nur, dass Sie Ihrer eigenen Vorstellung nach für einige Minuten präsent sind. Anwesend. Aufmerksam. Merken Sie, dass sich dann auch körperlich etwas ändert? Wahrscheinlich entspannen Sie sich, sitzen Sie etwas aufrechter oder atmen einmal tief durch. Spüren Sie, wie die vorhandene Energie freigesetzt wird? Wie leicht es sich anfühlt? Stellen Sie sich mal vor, Sie führen in diesem Zustand anstrengende Verhandlungen mit Kunden oder leiten konfliktträchtige Meetings. Ein Geschenk!

Ihre Energie setzen Sie außerdem mit folgender Regel frei:

Egal was Sie tun, tun Sie es mit ganzem Herzen.

Auch wenn es leichte Aufgaben oder Kleinigkeiten sind, wie einen Termin in den Kalender einzutragen, eine Fahrkarte zu lösen oder nach dem Weg zu fragen, tun Sie es mit ganzem Herzen.

Erklären Sie den Alltag zu Ihrer Herzensangelegenheit.

Viele Menschen sind nur bei besonderen Anlässen voll und ganz dabei. Probieren Sie mal aus, was passiert, wenn Sie ganz bewusst Dinge angehen, die Sie bisher nebenbei getan haben. Noch spannender ist es, wenn Sie plötzlich Menschen, denen Sie vorher nur mit halbem Herzen begegnet sind, plötzlich mit ganzem Herzen begegnen. Sie werden beide irritiert sein, und zwar angenehm.

Außerdem empfehle ich Ihnen, sich nicht mehr, zumindest aber so selten und so kurz wie möglich, mit menschlichen Energiestaubsaugern zu treffen. Dazu gehören zum Beispiel Schwarzseher, Meckerer und Empörer. Diese ziehen Ihnen mehr Energie ab, als sie Ihnen geben.

Hören Sie vor allem damit auf, diese Leute zu bekehren. Jeder hat mal einen schlechten Tag und strahlt dann wenig positive Energie aus. Keine Frage – aber meiden Sie den Kontakt mit Menschen, die hauptsächlich so unterwegs sind. Denn das steckt an. Sie können gar nichts dagegen tun, die negative Energie springt einfach zu Ihnen über.

Ein politisch wenig korrekter Satz und sicherlich polarisierend. Dennoch enthält er einen wahren Kern. Mit manchen können wir stundenlang diskutieren und dabei ruhig anderer Meinung sein. Danach geht es uns gut, wir sind nicht „alle" oder erschöpft. Mit anderen brauchen wir nur ein paar Worte zu wechseln und müssten uns bei Redbull an die Hauptleitung der Abfüllstation hängen, um wieder Power zu haben.

> Manche Menschen sind wie erfrischende Duschen, andere wie Klospülungen.

Ich beschreibe Ihnen das anhand eines persönlichen Beispiels. Eine meiner „Erleuchtungen" ereilte mich, als ich mir in einem Experiment die Bedeutung meiner Stretchingzone bewusst gemacht habe. Ich hatte zum ersten Mal während meines Studiums in Dortmund in den 90er Jahren davon gelesen, dass ein Betreten dieser sagenumwobenen Zone ungeahnte Kräfte freisetzen würde.

Es war kurz nach dem Abpfiff eines verlorenen Spiels von Borussia Dortmund, als ich sie an der Theke sah. Amors Pfeil traf mich, so dachte ich damals. Es war wohl eher Cupidos Pfeil. Das Problem war nur, dass ich zu schüchtern war, um sie einfach anzusprechen. Meinem Kumpel hatte ich vor dem Spiel auf dem Weg zur Kneipe mit studentischer Begeisterung vom Konzept der Stretchingzone erzählt. „Hey, nur da liegt das Glück!"

Als ich ihm von meiner Entdeckung an der Theke vorschwärmte, meinte er: „Nun wende schon an, wovon du gerade erzählt hast, und geh einfach rüber."

Manchmal machen es einem solche Impulse von außen etwas leichter, ich nahm mir ein Herz und hoffte, dass das Konzept hielt, was es versprach. Jeder einzelne Schritt fühlte sich an, als hätte ich Betonklötze an den Füßen. Doch der Moment, als ich sie ansprach und merkte, dass sie sich mit mir ganz normal unterhielt, war wunderbar.

Da habe ich verstanden, dass das Konzept tatsächlich Energie freisetzt. Allerdings erst, nachdem ich mich aus der Komfortzone rausbewegt habe. Die gute Nachricht lautet dabei: Niemand hält uns zurück, ab und zu mal ganz bewusst „zu stretchen". Sie sind frei, das zu tun. Das Einzige, was mich in der Kneipe abgehalten hat, war ein Gedanke! Niemand sonst. Die einzige Hürde war die im Kopf. Also können Sie sich auch entscheiden, eine Situation zu suchen, in der Sie das Versprechen der Stretchingzone testen. Es könnte sich ja lohnen.

Vielen Menschen fällt es allerdings schwer, sich zu überwinden und dann erst zu profitieren. Denn auch hier gilt das Kühlschrankprinzip: „Bevor ich mir ein kühles Bier aus dem Kühlschrank hole, muss ich erst mal eins reingestellt haben." Erst säen, dann ernten.

Ihre Gedanken können Ihnen Energie nehmen oder geben.

Ich würde mir wünschen, dass Sie ab heute jeden Tag mit der Vision starten, dass es der schönste, reinste, klarste Tag Ihres Lebens werden kann. Sie brauchen dafür Ihre persönliche Version eines Alltags mit Elan. Sie müssen sehen, wie Sie durch die Kurve schießen. Wie der Ball ins Netz geht. Wie lebendig Sie sind. Sie müssen sich sehen, hören, fühlen …

Das klingt verrückt? Gut, denn es ist verrückt. Zumindest in meinem liebsten Sinne von verrückt sein: Sie tun etwas, das die wenigsten Menschen tun. Sie haben quasi das „Normale" zu etwas „Besonderem" ver-rückt. Der erste Schritt dabei:

> **Sehen Sie etwas in sich, das Sie noch nicht sind.**

Ich sah in mir dazu einen Menschen, der morgens aufwacht, etwas Ungewöhnliches tut und dann seinen Alltag mit Elan, Schwung und Zuversicht führt. Lassen Sie uns der Wahrheit ins Auge schauen: Die meisten Menschen sind das nicht, weil sie nicht genug auf ihren Energielevel achten.

Oft herrscht da als einziges Mittel für Elan das Prinzip „Druck" vor. Obwohl sie es viel leichter könnten und das Potenzial für ein reicheres, schöneres und erfüllteres Leben haben, ohne es zu nutzen. Was mich manchmal an den Rand der Verzweiflung bringt und traurig macht.

Doch Sie, liebe Leserin oder lieber Leser, lade ich ein, Folgendes zu beherzigen: „Ich sehe etwas in mir, das ich noch nicht bin, aber werden kann." Glauben Sie an die nächstgrößere Version Ihrer selbst. So generieren Sie nicht nur Energie, sondern investieren sie auch gleich gezielt. Wenn Sie daran glauben, gelassen sein zu können, haben Sie die Energie für die nötigen Handlungen.

Erst wenn Sie wirklich daran glauben, Ihre Ehe retten zu können, zeigen Sie wirklichen Einsatz. Wenn Sie im Sinne von felsenfester Überzeugung daran glauben, dass Sie 13 Milliarden Euro verdienen können, sind Sie nicht mehr zu halten. Die Zahl ist Ihnen zu hoch? Dann nehmen Sie eben nur 12 Milliarden. Hauptsache, Sie glauben dran.

Doch es gibt noch viel mehr Möglichkeiten, um neuen Schwung zu kriegen. Kennen Sie das Gefühl, gegen Ende eines Jahres wegen Ihrer Neujahrsvorsätze so richtig begeistert zu sein? Dann sind Sie voller Energie, weil Sie über das sprechen und daran denken, was Ihnen selbst wichtig ist. Nach spätestens drei Wochen ist die Energie leider wieder raus, weil Sie nicht tun, was Ihnen wichtig ist. Sondern wieder im Hamsterrad des Erfüllens von Wünschen anderer laufen. Doch eines können Sie von dem unsinnigen, weil fast nie funktionierenden System der Neujahrvorsätze lernen und beherzigen:

Wir blühen auf, wenn wir einen höchstpersönlichen Sinn darin sehen, was wir tun. Wenn wir tun, was wir tun wollen.

> **Energie haben wir, wenn wir das tun, was uns selbst wichtig ist.**

Übrigens habe ich noch einen kleinen Tipp für Sie, wie Sie vom durchaus guten Kern der Neujahrvorsätze profitieren können. Fragen Sie sich dafür ruhig am Ende des alten Jahres, was Ihnen wichtig ist: „Was habe ich dieses Jahr vor?" Hier bleiben die meisten Menschen nach kurzer Anfangsbegeisterung nach vier Wochen stehen und sind dann frustriert. Sie aber nicht, denn Sie können sich noch zwei weitere Fragen stellen. Eine gleich zwölfmal, und zwar am Anfang jeden Monats: „Was habe ich diesen Monat vor?" Eine andere stellen Sie sich jeden Morgen: „Was habe ich heute vor?" So kriegen Sie die PS auf die Straße.

Energie entsteht durch Enthusiasmus.

Unter der Dusche frage ich mich deswegen morgens meistens: „Kann ich heute begeistert sein?" So lenke ich meine Wahrnehmung auf mein Begeisterungspotenzial. Sollte ich einmal keinen Grund haben, finde ich einen. Das halten nur diejenigen für seltsam, die es noch nicht ernsthaft konsequent probiert haben. Diejenigen, die nicht mit Elan, Schwung und Energie durch ihren Alltag pflügen wollen. Aber zu diesen Menschen gehören Sie ja hoffentlich nicht.

Und täglich grüßt das Murmeltier – Routinen für mehr Energie und neuen Schwung

Haben Sie bei der Fußballweltmeisterschaft 2014 am Rande mitbekommen, wie durchgeplant der Alltag der Spieler war? Immer wieder mal waren in Reportagen über unsere Nationalmannschaft deren Wochenpläne zu sehen. Dabei war gut zu erkennen, dass jede Sekunde verplant war. Natürlich gab es auch Phasen der Regeneration, die aber auch festgesetzt waren. Alle hatten ein Ziel und mussten sich dafür auf einen Plan einlassen. Natürlich konnte das dann entscheidende Tor von Götze niemand planen, die Rahmenbedingungen dafür waren aber planbar.

Viele Menschen haben hohe Erwartungen an Bücher wie diese hier. Da müssen Tipps drinstehen, die mit Sicherheit und am besten sofort wirken. Als wären die Autoren für das Wohlergehen der Leser verantwortlich. Ganz falsch.

Richtig ist, dass Sie für Ihr Wohlergehen, an dieser Stelle also für Ihren Energielevel, verantwortlich sind. Ihren Plan machen Sie selbst, nicht ich. Ich bin nur für die Vorauswahl seriöser und grundsätzlich wirkungsvoller Techniken verantwortlich. Letztendlich wählen Sie aus – und probieren aus.

Vor diesem Hintergrund lege ich Ihnen ans Herz, dass Sie sich zwei, drei der hier beschriebenen Gewohnheiten genauer ansehen und diese dann nutzen, um Ihren Alltag mit einer gehörigen Dosis neuem Schwung und frischem Elan zu versorgen.

Ich möchte Sie kurz warnen: Sie werden gleich ein paar Tipps lesen, von denen Sie wahrscheinlich denken werden: „Das kenne ich ja nun wirklich schon! Muss ich dafür Geld und Zeit für das Buch ausgeben?" Nein, müssen Sie nicht. Und ja, die Tipps sind banal. Aber Sie haben das Geld gut investiert, wenn Sie folgende Frage ehrlich beantworten: „Sie mögen die Tipps zwar schon kennen, aber von welchen Tipps können Sie noch mehr beherzigen?"

Klären Sie zunächst für sich, wofür Sie mehr Energie haben wollen, damit Sie von den Tipps im Anschluss maximal profitieren können. Ist es eher etwas Privates? Ihre Gesundheit? Ihre Beziehung? Freundschaften wieder besser pflegen? Oder ist es eher etwas Berufliches? Neuer Schwung für die Karriere? Die Gewinnung neuer Kunden? Wählen Sie aus der Vielzahl der Möglichkeiten nur eine aus, ansonsten verzetteln Sie sich.

So, jetzt kommen sie also, die banalen Tipps. Lassen Sie sich jetzt nicht von Ihrem Verstand mit der Idee „Kenne ich schon!" in die Irre führen. Sondern schauen Sie genau hin und prüfen Sie, wo Sie noch Spielraum nach oben haben.

Gönnen Sie sich ausreichend Schlaf, trinken Sie viel Wasser, aber wenig Alkohol, nehmen Sie frisches Essen zu sich, essen viel Obst und sorgen Sie regelmäßig für Bewegung an der frischen Luft, die Ihnen Spaß macht?

Jetzt ist es raus. So einfach kann es sein. Nun frage ich Sie: Erfüllen Sie alle Faktoren bereits zu 100 Prozent oder geht in dem einen oder anderen Bereich noch etwas?

Seien Sie objektiv und ehrlich. Sehen Sie bei der Analyse alle Bereiche genau so, wie sie sind. Machen Sie nichts besser oder schlechter, als es ist. Entscheiden Sie dann, in welchem Bereich Sie etwas ändern können, um mehr Schwung und Elan für das zu haben, was Ihnen wichtig ist. Das Motto könnte lauten:

Übrigens: Wenn Sie alles zu 100 Prozent erfüllen, empfehle ich Ihnen, wieder etwas mehr Spaß, Lockerheit und Flexibilität im Leben zuzulassen.

So simpel es klingt, so schwer ist die Umsetzung. Den Fernseher auszuschalten, um noch etwas zu lesen und dann früh schlafen zu gehen? Gar nicht so einfach, wenn die Lieblingsserie gerade beginnt. Einen späten Anruf nicht mehr annehmen? Es bei einem Glas Rotwein belassen, wo es doch gerade so nett ist? Eine Orange zu essen, obwohl Ihnen das leckere

Eis im Gefrierschrank mit süßer Stimme zuruft: „Iss mich, genieß mich, du hast es doch verdient!"

An dieser Stelle kommt die Bedeutung Ihrer Intention ins Spiel. Denn mit Intention ist es nur ein geringes Problem, sich zu diesem Aufwand zu bringen. Ohne diese schaffen Sie es wahrscheinlich nur in den allerseltensten Fällen, konsequent zu bleiben.

Achten Sie auch auf effektive Nahrungskombinationen, denn Ihr Körper sollte nachts keine Überstunden wegen der Verdauung machen. Wenn Sie nachts unnötig viel Energie für die Verdauung brauchen, können Sie sich nicht so gut erholen und wachen dann morgens gerädert auf, ein „energetischer Teufelskreislauf".

In den letzten Jahren habe ich dazu viel gelernt und viel ausprobiert, kam allerdings auf keinen exakten gemeinsamen Nenner, der meiner Ansicht nach grundsätzlich jedem zu empfehlen ist. Was „effektiv" ist, erscheint mir bei jedem anders zu sein.

Ein guter Freund pflegt abends entweder ein Kilo Fleisch oder dieselbe Menge Fisch zu essen und wacht morgens ausgeruht auf. Mich würde das auf Dauer fertigmachen. Manche können abends noch gut Obst essen, ich liege dann hellwach im Bett. Ich schlage Ihnen vor: Probieren geht über studieren.

Grundsätzlich tut es mir und meinem Energiehaushalt sehr gut, weniger und dafür reichhaltiger und in mehreren kleinen Portionen zu essen. Mich mahnt das Ergebnis einer Studie von Clive McCay. Dieser halbierte die Nahrung von Ratten und verdoppelte so deren Lebensdauer. Aber nicht übertreiben, sonst werden Sie noch 180 Jahre alt.

Ich beherzige außerdem noch einige weitere Regeln auf täglicher Basis in kleinen Dosierungen, die meinen Energielevel hochhalten:

„Füttere dich täglich mit gutem Wissen." Das kann ein Ratgeber über Motivation sein, eine Biografie oder eine Dokumentation über einen interessanten Menschen, der mir als Vorbild dient.

„Fake it until you make it": So einfach wie faszinierend ist die Funktion, dass wir so tun können, energiegeladen zu sein, um es dann nach ein paar Minuten zu werden. Simulieren Sie dafür einige Zeit, als ob Sie Elan hätten. Richten Sie Ihre Körperhaltung auf, lassen Sie Ihre Mimik energiegeladen erscheinen (einfach so, dass jeder glaubt, Sie wären richtig gut drauf) und atmen Sie einige Male so, als würden Sie vor Kraft gleich explodieren. Dann haben Sie alle Türchen Ihrer Physiologie genutzt, die situativ zu mehr Elan führen (Atmen, Körperhaltung und Gesichtsausdruck).

Über die Atmung können Sie übrigens wirklich wunderbar Energie einfach produzieren, schließlich brauchen Sie für Schwung Sauerstoff. Probieren Sie doch mal diese zwei meiner Atemübungen für mehr Power:

Sie atmen zwei bis drei Sekunden ein, halten die Luft viermal so lange an und atmen dann doppelt so lange aus. Wenn Sie das sieben bis zehn Mal machen, spüren Sie die Veränderung bei Ihrem Kreislauf. Bei den ersten Runden ist das noch ein wenig kompliziert, weil Sie atmen und gleichzeitig zählen, doch das wird schnell zur Routine und dann haben Sie die Zeiten im Gefühl. Aber achten Sie darauf, dass Ihnen das gut bekommt, nicht dass Sie umfallen und dann sagen, ich wäre schuld.

Eine andere, aber ebenso energiespendende Technik ist das Atemdreieck, dessen Beschreibung Sie in Teil drei über Gelassenheit finden.

Wie können Sie sich aber ganz gezielt für bestimmte vorhersehbare Situationen mit Energie versorgen? Immer wieder stehe ich beispielsweise vor Vortragssituationen, in denen mein Erfolg stark von meiner Energie abhängt. Wer will schon einen Vortrag von einem erschöpften Redner hören? Natürlich ist mein Elan nicht immer konstant hoch.

Ich habe dafür im Alltag fünf Techniken, die mir mit überraschend geringem Aufwand dabei helfen, mich ganz gezielt in einen energiegeladenen Zustand zu versetzen.

Zuerst, meistens auf dem Weg zum Veranstaltungsort, überlege ich mir, welche Rolle ich spiele. Achtung: „spielen" nicht im Sinne von „ich tue so als ob", sondern im Sinne von „Bedeutung haben" oder „Beitrag leisten". Also eher im Sinne eines ethischen Auftrags: Wie mache ich die Welt ein bisschen besser? Ich definiere die Rolle von mir ausgehend und lasse sie mir ganz bewusst nicht überstülpen.

Ich wähle sie, ich erhalte sie nicht. Natürlich habe ich vorher bereits geklärt, welche Erwartungen der Kunde hat und was die Zuhörer brauchen, aber an dieser Stelle definiere ich meine Rolle selbstbestimmt. Meistens hat meine Rolle etwas damit zu tun, andere Menschen bestens zu unterstützen. Dann nehme ich mir vor, dies in der Situation voll und ganz auszuspielen. Wenn Sie echte Energie produzieren wollen, lassen Sie sich auf keinen Fall eine Rolle zuweisen. Dann haben Sie Elan. Dann sind Sie hilfreich.

Das andere, mit dem ich mir gezielt Energie verschaffe, sind meine persönlichen fünf Zauberwörter. Es sind nur Substantive, die als Etiketten für die Aspekte im Leben stehen, die mir wichtig sind. Und wie Sie bereits gelesen haben:

> *Sei der Puppenspieler und nicht die Marionette.*

In meinem Fall lauten diese fünf Begriffe: Gesundheit, Liebe, Reichtum, Beitrag und Leichtigkeit.

> *Was wichtig ist, spendet Energie.*

Wenn ich mir diese Substantive leise, aber sehr eindringlich vorsage, geben sie mir Energie. Die fünf Wörter habe ich nicht gewürfelt oder bei einer einsamen Wanderung mal eben so entdeckt, sondern sie sind das Ergebnis langen Nachsinnens und Reflektierens. Ganz oft habe ich ein Wort gefunden und dachte, das wäre es. Aber beim bewussten Erspüren der inneren Bedeutung und inneren Reaktion habe ich es dann wieder verworfen. Nun könnten Sie an der Reihe sein und sich auf die Suche machen: Welche Substantive geben Ihnen Energie?

Drittens gönne ich mir dann noch eine kleine Runde Mentaltraining. Ich nehme mir „die echte 10" der gleich beginnenden Vortragssituation und visiere sie ganz exakt an. Die „echte 10"? Nun, im Ruhrgebiet (aber vielleicht ja auch noch woanders) ist eine „echte 10" ein männliches oder weibliches Wesen, welches gerade vom Himmel herab gestiegen zu sein scheint.

Weil es so hübsch, attraktiv und perfekt ausgestattet ist. Also ein Mensch, der einem den Atem stocken lässt und mit dem man Kinder zeugen will, und zwar sofort.

Ich stelle mir dabei also die gleich folgende Situation im Sinne einer „echten 10" genau vor und sehe dabei alles nicht von oben aus der Vogelperspektive, sondern durch meine Augen. Ich gestalte mental alles perfekt und sehe dabei viele Details. Wenn Sie das probieren, werden Sie begeistert davon sein, wie Sie mit Ihren Gedanken und Fantasien Energien freisetzen können. Aber machen Sie die Übung nicht zaghaft, sondern übertrieben und mit Schwung, damit sie auch wirklich wirken kann.

Kurz vor Beginn des Vortrags, das ist der vierte Punkt, ziehe ich mich zurück und bete. Das mag komisch klingen, ist aber sehr hilfreich. Ich bete nicht, wie ich es als Kind gelernt habe und es viele Menschen sonntags in der Kirche tun.

Sondern ich stelle mich einfach hin, schaue nach oben, breite die Arme aus und bitte darum, den Zugang zu Energie, Zuversicht und all dem zu erhalten, was ich gleich brauche. Ich spreche dabei in meiner Vorstellung nicht mit einem Mann mit weißem Bart, sondern einfach mit der Kraft des Universums. So komme ich zur Ruhe und bei mir an. Ich werde präsent und lasse damit die von Natur aus vorhandene Energie fließen.

Mit diesen vier Schritten habe ich mein Herz und meinen Verstand geöffnet. Manchmal hinkt mein Körper dann noch etwas nach, aber da gibt es auch eine einfache Lösung, die den fünften Schritt beschreibt.

Ich hüpfe einfach eine Minute locker auf und ab, mache ein paar Kniebeugen und rudere mit den Armen vor und zurück, quasi eine Bahn Rückenschwimmen und eine Bahn kraulen. Dann ist auch mein Körper auf Sendung und ich habe mich selbst in einen energiegeladenen Zustand versetzt. Das ist alles ganz einfach, es muss nur mit einem Mindestmaß an Inbrunst getan werden, damit es wirken kann.

Am besten klappt das übrigens auf einem Minitrampolin. Auch wenn Sie das nicht zur Verfügung haben sollten, werden Sie mit diesen Methoden in Ihren Situationen mehr Schwung haben.

Probieren Sie es doch mal aus und warten ab, ob Sie irgendwann danach gefragt werden, welche Drogen Sie denn neuerdings nehmen.

Nun haben Sie einige Strategien vorliegen, mit denen Sie einen Raketenstart hinlegen können. Übertreiben Sie das aber nicht, sondern explodieren Sie kontrolliert. Ändern Sie nicht Ihr ganzes Leben (so schlecht ist es doch hoffentlich gar nicht), sondern fangen Sie an konkreten, wenigen Stellen an, dafür zu sorgen, mehr Energie zu produzieren.

Bringen wir Ihre Angst um die Ecke

„Ich würde ja sofort kündigen, wenn ich mit Mitte fünfzig noch einen Job finden würde!" Nennen wir ihn Karl. Karl war Seminarteilnehmer und mit seiner beruflichen Situation sehr unzufrieden.

Es war wie fast immer: „Früher war alles besser" und der neue Eigentümer der Firma war „ein zahlengetriebenes Monster". Karl war total verspannt und man sah ihm an, dass er am liebsten alles hingeschmissen hätte.

Doch seine Angst, keinen neuen Job zu finden, war noch größer als seine Unzufriedenheit. Was für ein miserables Leben! Karl saß in meinem Seminar „Mentale Stärke für Führungskräfte" und ist ein gutes Beispiel dafür, wie sehr wir Menschen uns von unseren Ängsten davon abhalten lassen, eine Entscheidung zu treffen und konsequent zu handeln.

Er wusste genau, wofür es an der Zeit war, traute sich aber nicht. Motto: Energie vorhanden, aber blockiert.

Weder mir noch den anderen Teilnehmenden ist es gelungen, Karl auch nur einen Schritt weiter zu bringen. Wir können eben nicht jeden retten. Leider.

> Oftmals leiden wir lieber weiter, als ein klein wenig zu wagen.

Der Kern des Ganzen war allerdings nicht seine Angst, keinen neuen Job zu finden. Das war ein ganz anderer: nicht geliebt zu werden.

Nicht schlau genug, erfolgreich genug, freundlich genug, gelassen genug, empathisch genug, verständnisvoll genug.

> Unsere größte Angst besteht darin, nicht genug zu sein.

Und was passiert, wenn wir nicht genug sind? Wir werden nicht geliebt. Zumindest will uns das unsere Angst glauben machen.

Jetzt aber mal Hand aufs Herz: Wann haben Sie zum letzten Mal Ihre Meinung nicht offen gesagt, weil Sie nicht wussten, wie der andere reagiert?

Wann hatten Sie zum letzten Mal eine gute Idee für ein Geschenk, haben sie aber nicht umgesetzt, weil Sie unsicher waren, wie sie ankommt? Wann haben Sie zum letzten Mal einen Wunsch nicht geäußert, weil Sie Sorge hatten, wie der andere reagiert? Wann haben Sie zum letzten Mal eine Frage nicht gestellt, weil Sie Angst hatten, sich mit ihr zu blamieren? Wann sind Sie zum letzten Mal nicht Ihrem Herzen gefolgt, weil Sie nicht wussten, welche Konsequenzen das haben könnte? Ohne Sie zu kennen und ohne Gedanken lesen zu können, bin ich mir sehr sicher, dass Ihnen im letzten halben Jahr alles das passiert ist.

In allen Situationen haben Sie sich selbst die Macht genommen. Den schlauen Spruch „Angst schützt aber auch" kenne ich, allerdings ist er meistens komplett fehl am Platz. Denn unsere Angst tut so, als würde es um Leben und Tot gehen. Sie übertreibt oft maßlos und macht aus einer Mücke gleich eine ganze Elefantenherde.

> **Angst erstickt unseren Wunsch nach einem selbstbestimmten, erfüllten Leben.**

Wenn ich in diesem Kapitel von Angst, Sorge oder Unsicherheit spreche, dann meine ich die Kleinigkeiten des Alltags. Denn die kommen andauernd vor und bremsen uns, nehmen uns die Energie, lenken uns von unserer Intention ab. Mit großen Blockaden wie Angst vor einem Weltuntergang, tödlichen Krankheiten oder Verlustängsten gehen Sie bitte zum Therapeuten Ihres Vertrauens.

Es sind vor allem die kleinen alltäglichen Ängste, die ein unbeschwertes Leben verhindern.

Wenn ich die Chance hätte, die Bevölkerung mit einem Fernsehbeitrag zur Hauptsendezeit zu erreichen, würde mein roter Faden lauten: „Weniger Annika, mehr von Pippi Langstrumpf!" Wir brauchen mehr Mut und weniger Ohnmacht, Schockstarre, Panik und Nervosität.

Wie geht es Ihnen mit der Angst? Gelingt es Ihnen schon, von ihr zu profitieren?

Ich persönlich möchte, dass meine Angst mir zwar nutzt, sie mich dabei aber nicht abhält, das zu tun, was mir wichtig ist. Ich hätte vor Freude in die Luft springen können, als ich begonnen habe, mir zu überlegen, wie mein Leben aussehen könnte, wenn ich weniger ängstlich wäre.

Wenn Sie anfangen, darüber nachzudenken, was Ihnen Sorgen und Ängste nehmen, wovon sie Sie abhalten und was Sie deshalb nie erleben und erreichen werden, sollte das genug Grund für einen anspruchsvollen Menschen sein, besser mit ihnen umgehen zu können.

> Angst darf uns nicht hindern, das zu tun, was uns am Herzen liegt.

Stellen Sie sich mal vor, Sie würden bald zu dem kleinen Kreis von Menschen gehören, die bei Unsicherheiten denken: „Ja, das kann schiefgehen, aber auch dann finde ich noch einen Weg, um damit umzugehen. Es bringt mich schon nicht um." Und stimmt es nicht auch? Ich meine: Es gibt immer einen Weg.

In Courage steckt „Coer", „Herz". Beobachten Sie es bei sich selbst: Das Herz will etwas und der Verstand sagt „Nein!". Wo kommt die Angst her? Aus dem Kopf!

> Mut bedeutet nicht, keine Angst zu haben. Mut bedeutet, trotz Angst zu handeln.

Mut zu haben bedeutet, das zu tun, was einem am Herzen liegt. Die folgenden Methoden helfen Ihnen dabei.

> Angst wächst nicht auf Bäumen, sondern im Kopf.

Ich persönlich liebe dafür die „Walt-Disney-Methode" und stelle sie deswegen an die erste Stelle. Immer wenn ich sie ernsthaft anwende und dabei präsent bin, bin ich fasziniert davon, wie leicht es ist, mein Denken zu lenken, dabei von der Angst zu lernen und mich zu kontrollieren. Sie erhalten danach noch zwei weitere Techniken, doch lassen Sie mich zuerst diesen Liebling beschreiben.

Walt Disney hatte so oft neue Filmideen, dass er immer wieder zu Investoren gehen musste, um frisches Geld für den nächsten Film zu generieren. Das wurde mit größer werdendem Erfolg sicherlich immer leichter, doch an mehreren Stellen ist zu lesen, dass er auf dem Weg zum Erfolg in den Gesprächen mit den Geldgebern drei Schritte genutzt hat, um sie zu überzeugen.

Zuerst soll er gefragt haben: „Was ist das Schlimmste, das passieren kann?" Meiner Meinung nach wollte er den ängstlichen Skeptiker „da abholen, wo er steht", und ihm bewusst machen, wovor genau er Angst hat.

Danach soll er gefragt haben: „Was ist das Allerbeste, das passieren kann?" Ich vermute, dass er den anderen damit in eine zwar übertriebene, aber positiv-optimistische Richtung lenken wollte. Natürlich war beiden aufgrund des gesunden Menschenverstandes in dem Augenblick klar, dass mit höchster Wahrscheinlichkeit weder das Horrorszenario noch das Rosa-rote-Brille-Szenario eintreffen wird.

Daher seine Abschlussfrage: „Was ist das Wahrscheinlichste, was passieren wird?" In meiner Vorstellung werden die meisten Investoren auf diese Frage ungefähr so geantwortet haben: „Na ja, Walt, wir arbeiten seit einiger Zeit zusammen, bisher hattest du immer gute Ideen, die zwischen 13 Prozent und 18 Prozent auf das eingesetzte Kapital gebracht haben. Also ist das auch das Wahrscheinlichste, was passieren wird."

Dieser Dialog verlief nun zwischen zwei Menschen. Um diese Methode mental anzuwenden, nehmen Sie einfach beide Positionen ein und gehen den Dialog mit sich selbst durch. Am besten funktioniert das schriftlich, weil es Ihr Denken bei Angst und Sorge verlangsamt und Sie so eine bessere Chance haben, sich zu beruhigen und zu rational begründeten Antworten zu gelangen.

Mir hat diese Methode schon in vielen Situationen geholfen, sei es privat, sei es beruflich. Manchmal habe ich in beiden Bereichen Dinge zu tun, die mir aus Angst oder Sorge schwerfallen. Ob ich aus Sorge vor den möglichen Folgen den bereits zugesagten Besuch der Party eines guten Freundes absage oder unsicher dabei bin, einen neuen Mitarbeiter einzustellen: In beiden Fällen basiert die Sorge auf meiner negativen Fantasie über die Zukunft. Der Einladende könnte beleidigt sein, der Mitarbeiter könnte es nicht bringen.

Doch mit der Walt-Disney-Methode gelingt es mir immer wieder aufs Neue, mich auf das zu fokussieren, was am wahrscheinlichsten ist. Bisher hat das sogar meistens gestimmt, nie aber war es so schlimm wie die Annahme, die mir die Sorge bereitet hat.

Als ich vor einigen Jahren für ein Seminar weitere Strategien recherchiert habe, kam ich auf drei Fragen, die ebenfalls gut dabei helfen, Angst und Sorge für sich zu nutzen, anstatt sich fertigmachen zu lassen. Die Fragen sind recht simpel und lauten: „Wenn ich meiner Angst nicht folge, sondern mutig bin, was habe ich dann sofort für garantierte Vorteile?" Das lenkt meine Wahrnehmung auf die direkten Pluspunkte, die ich bereits im Moment der Entscheidung habe. Mich motiviert das. Dann: „Welche möglichen Risiken und Probleme treten eventuell auf? Was mache ich, wenn diese eintreten?" Hiermit gelingt es mir, die Angst zu nutzen, weil sie mich ja auf mögliche Gefahren hinweist. Nur bleibe ich da nicht stehen und in dem Horrorkreislauf stecken, sondern gehe einen entscheidenden Schritt weiter. Bisher hatte ich immer genug Ideen für den Sicherheit bringenden „Plan B", brauchte ihn aber noch nie.

Bei mir persönlich wirkt diese Technik nur, wenn ich mir jeweils pro Frage schriftlich eine kurze Liste der wichtigsten Punkte erstelle. Das beruhigt mich sehr und ich habe etwas, das mir Halt und Zuversicht gibt, wenn die Unsicherheit erneut auftaucht.

Eine weitere Methode hat einen vergleichsweise emotionalen Charakter, ist aber auch zum Teil eine Mischung der oberen beiden Herangehensweisen. Für mich ist sie eine Chance, das Ganze abzurunden und mich ins Handeln zu bringen, anstatt mir nutzlos den Kopf zu zerbrechen.

Das Ganze beginnt mit einer herrlichen Phase der Konfrontation (Achtung, Ironie, sie ist eher unangenehm): Sie machen sich ganz bewusst, was das Schlimmste ist, das passieren kann. Sie stellen sich mit genau dieser Frage („Was ist das Schlimmste, das passieren kann?") der Angst und sehen sich die Bilder in Ihrem Kopf genau an. Kein Ausweichen, kein Beschönigen. Wie im Kino sehen Sie sich an, was Ihre Fantasie so vorschlägt. Um nicht zu übersehen, was Sie später dann doch wieder in den Zustand der Unsicherheit bringt, ist die Frage „Und was kann noch passieren?" sehr wertvoll.

Danach konzentrieren Sie sich mit gezielten Fragen auf das Gute, wenn Sie die Angst bewältigen. Diese drei Beispiele zeigen Ihnen, wie das geht: 1. „Welches sind deine Vorteile, wenn du es durchziehst und Erfolg hast?" 2. „Womit belohnt dich das Leben, wenn du es durchziehst?" 3. „Welches sind deine Vorteile, wenn du mutig handelst?"

Und jetzt, im dritten Teil des inneren Schauspiels, wird es emotional – und ich werde dabei tatsächlich manchmal laut, denn ich spreche mir selber Mut zu. Laut, deutlich, in Körperhaltung mit souveräner, starker Ausstrahlung sage ich mir: „Gefühle wie Angst sind normal. Ich tue es trotzdem! Ich habe die Kraft, die das schafft!" Das besonders Wertvolle liegt darin, dass ich so der Stimme in mir folge, die mir sagt: „Ja, mache es."

Ich atme tief ein und mache mir bewusst, dass ich meine Intention anders nicht erreichen kann. Ich sehe vor mir zwar eine unangenehme Hürde, aber dahinter ist noch etwas. Etwas, das es lohnend macht, den Mut für das Nehmen der Hürde aufzubringen und tätig zu werden.

Manchmal befolge ich dann noch den klassischen Rat eines jeden guten Mentaltrainers: „Sieh dich selbst, wie du es tust!" Und ich komme dabei ins Handeln. Eins weiß ich dann immer (sonst würde ich ja nicht handeln): Ich werde es überleben. Es ist nicht tödlich. Aber die Belohnung nach der Hürde ist so verlockend.

In solchen Augenblicken reist mein Verstand immer wieder zu bestimmten Sätzen, die sich bei mir im Laufe der letzten Jahre in Gesprächen oder durch Bücher eingebrannt haben. Es ist schön, zu merken, wie sie mir Kraft, Zuversicht und Handlungsfähigkeit geben. Zum Beispiel:

> *Gib dein Leben. Denn was du gibst, das bekommst du.*

Auf diese Weise kann es uns allen gelingen, mit unseren Sorgen, Ängsten und Unsicherheiten zu wachsen und an uns zu arbeiten. Anstatt uns von ihnen bremsen und kleinhalten zu lassen.

Wie schön ist es, heute etwas locker zu können, vor dem ich gestern noch Angst hatte?

3.

Gelassenheit macht nicht nur schön, sondern auch gesund und erfolgreich

Ich bin im Winter nachts auf dem Weg zu einem Vortrag, der am nächsten Tag in Leipzig stattfindet. Plötzlich berührt das linke Heck meines BMW die Leitplanke, prallt zurück und der Schwung dreht mich samt Auto einige Male um die eigene Achse, bevor es rasend schnell die zugeschneite Böschung hinunterrollt. Ich schreie.

Unten angekommen, überschlägt sich das Auto noch einige Male. Stille. Im Auto überall Scherben, ich hänge mit dem Kopf nach unten in den Sicherheitsgurten.

An die nächsten Minuten erinnere ich mir nur sehr verschwommen. LKW-Fahrer haben angehalten und mich aus dem Auto befreit, danach die Polizei und den Abschleppwagen gerufen. Das Wunder an der Situation: Außer einem Schock und einem blauen Knie habe ich keine Blessuren davongetragen. Allerdings wird mir noch heute manchmal mulmig, wenn es auf der Autobahn anfängt zu schneien.

Rückblende, zwei Tage vorher. Mitten in einem Meeting bei einem Kunden im Sauerland bricht mir der Schweiß aus und ich werde ohnmächtig. Der Geschäftsführer und die beteiligten Mitarbeiter machen sich mehr Sorgen als ich und wollen den Notarzt rufen. Mir reicht eine Flasche Wasser und irgendwie schaffe ich es, das Meeting noch zu beenden.

Die ganze Woche war voll mit Meetings, Vorträgen und Seminaren. Der Monat davor auch und das Jahr davor auch. Keine Zeit für Entspannung, Erholung, Freunde oder gar Urlaub. Doch ich habe gar nicht bewusst wahrgenommen, unter welchem Stress ich stand. Das wurde mir erst auf dem Weg die Böschung runter klar. Denn ich glaube, ich bin auf der Autobahn eingeschlafen.

Dieses Einschlafen war mein Aufwachen in Sachen Stress. Danach habe ich die nötigsten Termine noch durchgezogen und bin, so bald ich konnte, noch im selben Winter für ein Vierteljahr in die USA gegangen. Dort habe ich über mein Leben und meinen Stress nachgedacht. Das Ergebnis der Reflexion war ein Versprechen an mich selbst. Nie mehr wollte ich so schlecht mit mir umgehen. „Sei freundlich zu dir" ist bis heute dessen Kurzform, an die ich mich seitdem jeden Tag erinnere. Weil ich auf der Welt nicht alleine bin, ergänze ich noch gerne:

Sei freundlich, vor allem zu dir selbst.

Dies prägt meine Entscheidungen, mein ganzes Verhalten und meinen Lifestyle. So sorge ich für mich – und auch für andere.

Es ist auch kein Zeichen guter Gesundheit, an eine von Grund auf kranke Gesellschaft angepasst zu sein. In ihr nur wie ein mechanisches Rad zu funktionieren, anstatt wahrhaftig zu leben.

Heute sind zu viele Leute mit oberflächlichen Problemen beschäftigt. Wahrscheinlich, um sich selbst von ihren wahren Problemen abzulenken.

Kein Mensch kann etwas dafür, wenn Sie nicht mehr können.

Ich schreibe dieses Kapitel, um Ihnen zu sagen, dass Sie schuld an Ihrem Stress sind. Aber auch um Ihnen zu sagen, dass das eine gute Nachricht ist. Fühlen Sie sich jetzt bitte nicht kaltherzig abgewertet, sondern gut gemeint aufgerüttelt.

Schauen Sie mit mir auf die Tatsachen. Wenn andere schuld wären, wären Sie machtlos und könnten nichts ändern. Können Sie aber.

Sowohl die Ursache für Ihren Stress als auch die Lösung liegt in Ihrer Hand.

Merken Sie sich: Ihr eigener Einfluss ist wichtiger als ein Ereignis im Leben, welches Sie nicht beeinflussen konnten. Aber wie es das Wort schon andeutet: Ihren Einfluss können Sie beeinflussen.

Wenn Sie gestern gestresst waren, frage ich Sie: Was haben Sie gestern für Ihre Gelassenheit getan?

Das Problem ist: Wenn Sie gestresst sind, glauben Sie meistens, dass Sie durch irgendwelche äußeren Aspekte wie Kollegen, Kunden oder Familienmitglieder gestresst sind. Doch das ist falsch. Sie sind gestresst, weil Sie nie oder zu selten aus dem Hamsterrad rauskommen.

Es vermittelt Sicherheit und könnte ja doch noch zu einer Treppe oder einer Startrampe in ein neues Leben werden. Weil Sie nie glauben, genug zu tun und eine Pause verdient zu haben. Was die anderen dann wohl von Ihnen denken könnten?

Wie uncool, ein Leben ohne Stress – da könnten ja welche auf die Idee kommen, Sie würden sich nicht genug anstrengen und sich nicht genug Mühe geben. Kurz und platt gesagt kann Sie das folgende Motto wieder mehr ins Gleichgewicht bringen:

> Die Meinung anderer ist oft „Doppel-i": interessant, aber irrelevant.

Wenn Sie weniger Stress haben wollen, dann machen Sie sich weniger Gedanken um die anderen, sondern mehr um sich selbst.

> Wir sind gestresst, wenn wir unser Ich verraten, weil wir es allen recht machen wollen.

Das Ausmaß an Stress, Zeitnot, Druck und Ärger hat bei vielen Menschen unglaubliche Ausmaße angenommen. Aber noch unglaublicher ist es, wie wenig diese Menschen dafür tun, um gelassen, gesund und glücklich zu sein. Natürlich ist das Ausmaß an E-Mails, Telefonaten, Meetings etc. unerträglich geworden. Aber Sie gehen jeden Tag hin. Das ist Ihr Beitrag. Wenn Sie das nicht glauben, machen Sie den Schrotflintentest aus Kapitel Teil 6.

Dabei haben wir immer die Wahl: Wir können weiterhin leiden oder lieber etwas lernen, um in Situationen, die uns heute noch stressen, zukünftig glücklich zu sein. Aber wir haben nicht die Wahl, keinen Stress mehr zu haben. Denn ein Leben ohne Stress gibt es nicht.

Hören Sie auf, sich über Stress zu beschweren, und unternehmen Sie lieber mehr für Ihre Gelassenheit!

Dafür lade ich Sie zu Beginn ein, über Ihr Leben nachzudenken. Glauben Sie mir kein Wort, sondern denken Sie nach und probieren das Folgende aus. Starten Sie mit einem Selbstgespräch, vielleicht bei einem Spaziergang, das erhöht im Allgemeinen das Denkvermögen. Führen Sie das Gespräch, indem Sie sich selbst ein paar Fragen stellen und dabei ganz ehrlich sind: Bist du in Sachen Gelassenheit da, wo du sein willst? Wo stehst du? Wohin willst du? Welches sind deine drei guten Gründe für Gelassenheit?

Es ist so leicht, gestresst zu sein. Frust kann jeder, das bringe ich Ihnen in zwei Minuten bei. Ein gelassener Lifestyle aber fällt nicht plötzlich vom Himmel. Er will auf der Erde verdient sein. Er kommt aus dem Herzen und lebt durch Handlung. Und durch eine Erkenntnis, die schockierend wie wertvoll ist:

> **Ich bin immer das Problem. Und immer die Lösung.**

Weder Problem noch Lösung liegen außerhalb meiner Person, meines Verhaltens und Denkens. Übernehmen Sie die volle Verantwortung für das, was Sie beeinflussen können.

> **Wenn Sie gestresst sind, haben Sie zu wenig für Ihre Gelassenheit getan.**

Sie können gelassen sein. Sie dürfen gelassen sein. Sie müssen gelassen sein!!! Aber Sie werden nicht gelassener, wenn Ihnen eine Soap im Fernsehen wichtiger ist als ein Buch über Gelassenheit oder ein Spaziergang an der frischen Luft.

Entweder Sie tun etwas, um glücklicher, gelassener und gesünder zu sein. Oder Sie tun nichts dafür. Das ist eine Entscheidung, die Sie jeden Tag neu treffen. Sie können nicht zwei Wege gleichzeitig gehen, sondern immer nur einen. Entweder den zum Stress oder den zur Gelassenheit, das ist Ihre Wahl. Das ist schwarz-weißes und polarisierendes „Entweder-oder"-Denken. Aber es ist die Wahrheit.

> **Gelassenheit ist so einfach, wenn Sie erst mal herausgefunden haben, dass sie nicht kompliziert ist.**

Immer wieder freue ich mich, wenn Zuhörer nach meinen Vorträgen zu mir kommen und noch ein paar mehr Tipps haben wollen, um das Gehörte umzusetzen. Oft ist der Kern der Frage dann, wie man im Alltag gelassen bleiben kann.

Meine Antwort ist oft diese: „Die Frage lautet nicht: „Wie kann ich bloß gelassen sein?", sondern die Frage lautet: „Wie kann ich bloß nicht gelassen sein?"

Das (Selbst-)Verständnis hinter dieser Frage ist das Ziel meiner Arbeit, denn sie eliminiert die allermeisten Denk- und Verhaltensmuster, die zu Stress führen. Sie stellt die übliche Arbeitswelt und die übliche Lebenswelt auf den Kopf, indem sie viele Stress auslösende Ideen gar nicht erst zulässt. Sie erlaubt weniger Hektik, Verausgabung und Druck und mahnt zu mehr Ruhe, Erholung und Frieden.

Unter Stress sind Sie wie ein Porsche auf einer amerikanischen Autobahn. Sie haben 500 PS und dürfen nur 120 fahren. Der Motor schreit nach Vollgas, Sie wollen nach vorne gehen, – dürfen aber nicht. Jedoch gibt es einen Unterschied: Das Gesetz sind Sie!

> Du bist gestresst, weil du Angst hast, das Richtige zu tun.

Denken Sie über folgende Idee nach: Du bist gestresst wenn du in deinem Leben etwas tolerierst, das du besser nicht tolerieren solltest. Du bist zu wertvoll, um gestresst zu sein. Nimm dir das, wonach du hungrig bist. Und lassen Sie sich dann in Ihren Entscheidungen und Handlungen von Ihrer Erkenntnis leiten.

Lassen Sie uns jetzt einen Blick auf die folgende Frage werfen: Was ist „Gelassenheit?" Hier liegt sehr häufig ein falsches Verständnis vor. Viele Menschen verwechseln sie nämlich mit Passivität, Faulsein oder gar einer „Scheiß-egal-Haltung". Für mich hat sie damit nichts zu tun, außer sie würde maßlos übertrieben und würde andere Werte wie Fleiß, Zielstrebigkeit oder Beitrag zu einer guten Gesellschaft verdrängen.

> Sie kriegen im Leben nicht das, was Sie wollen, sondern das, was Sie verdienen.

Gelassenheit ist aber auch ein augenblicklicher Zustand. Dabei sind Sie immer in irgendeinem Zustand, egal ob gut oder schlecht. Das ist wie mit dem Wetter: Mal ist es gut, mal ist es schlecht, aber „Wetter ist immer".

> Gelassenheit ist die Brücke zwischen Problem und Lösung.

Vereinfacht gesagt, können Sie jedes Problem im Leben in zwei Zuständen lösen: gelassen oder gestresst. Ich empfehle hier das Erstere. Denn Gelassenheit ist ein Zustand von Kraft, Zuversicht und Handlungsbereitschaft. Was gibt es Besseres, um ein Problem zu lösen, es für sich zu nutzen und aus ihm zu lernen? Um häufiger gelassen zu sein, brauchen Sie kein Buddha zu werden. Sie brauchen nur in den Situationen cool bleiben, in denen Sie jetzt noch nervös sind.

Wenn Gelassenheit eine Frau wäre, würde ich ihr meine Liebe gestehen und sie sofort heiraten, so begeistert und beseelt bin ich von ihr. Einer der Hauptgründe besteht darin, dass ich unabhängig bin, wenn ich gelassen bin. Unabhängig vom Verhalten anderer Menschen und unabhängig von den Geschehnissen im Leben. Im Zustand von Gelassenheit ist mir natürlich nicht alles egal, sondern ich kann mit den Dingen im Leben so gut es geht umgehen. Deswegen strebe ich sie an und sorge jeden Tag für sie. Schließlich gibt es Gelassenheit nicht umsonst. Da müssen wir schon etwas für tun.

> **Stress ist wie die Tür zur Schatzkammer, da musst du durch.**

Doch was genau ist Stress außer der Tür zu Glück? Eine ungewöhnliche, doch sehr hilfreiche Sichtweise ist diese Definition: Stress ist ein Geschenk. Warum? Weil das unangenehme Stressgefühl mir aufzeigt, dass ich noch etwas lernen kann, um dieselbe Situation zukünftig mühelos zu bewältigen. Und sie wird wieder vorkommen. Denn das Leben tischt uns so lange Probleme auf, bis wir sie lösen können. Das kann und will ich nicht beweisen, aber ich erlebe es so. Durch Beobachten kommen Sie auch drauf. Wenn Sie sich Ihre Stressmomente ansehen, dann erkennen Sie schnell, dass es sich um ständig wiederkehrende, sich wiederholende Momente handelt.

Stressmomente von Ärger oder Zeitnot sind größtenteils Energieverschwendung. Ich hasse Stress, weil er mich davon abhält, mein Bestes zu geben. Ein weiterer Grund:

Bei anderen sehen wir das. Warum nicht bei uns? Weil wir es noch nicht gelernt haben, ganz logisch und einfach.

> **Das größte Geschenk im Leben ist es, zu lieben und geliebt zu werden. Im Stress ist beides nicht möglich.**

Lassen Sie uns Stress nicht als Problem betrachten, sondern als (Zwischen-)Ergebnis. Wir haben etwas gelernt, das sich jetzt rächt, weil es unüberlegt angewendet wird.

Das Stressgefühl zeigt uns als Warnsignal auf, dass wir noch etwas lernen können, um weniger zu leiden. Wann immer Sie eine Stresssituation nicht ansehen, verpassen Sie eine Gelegenheit zu wachsen. Stellen Sie sich in Gedanken für einen Augenblick mitten in die Natur. Beobachten Sie die Bäume, Sträucher, Blumen und Tiere. Was tun sie? Sie leben. Und leben bedeutet Wachstum. Sobald ein Lebewesen aufhört zu wachsen, beginnt es zu sterben.

Sie sind geboren, um zu wachsen. Für uns Menschen hat wachsen gleich eine doppelte Bedeutung: einerseits körperlich, andererseits geistig. Der Körper macht das größtenteils alleine. Geben Sie ihm ausreichend Wasser sowie Nahrung, ausreichend Bewegung und frische Luft, er macht das dann schon. Der Körper ist sehr ausgereift und älter als unser Verstand. Daher ist das Wachsen des Verstandes schon ein bisschen schwieriger. Er braucht mehr Fürsorge und mehr Beachtung als der Körper.

Gut wäre es jetzt zu wissen, wann er vor allem wachsen sollte. Das Gute daran ist: Sie kriegen ein deutliches Zeichen, wenn es an der Zeit ist zu wachsen. Das Zeichen ist Stress.

Warum Sie gestresst sind? Fortschritt ist gleichbedeutend mit Glück. Im Stress sind wir nicht bereit, uns zu verändern. Daher leiden wir. Es ist so offensichtlich, warum sehen das nur so wenige Menschen? Wenn wir zu oft zu viele Dinge tun, die nicht gut für uns sind, ist es Zeit, uns zu verändern. Wenn wir dazu nicht bereit sind, haben wir Stress. Das ist doch offensichtlich. Deswegen ist Stress meiner Meinung nach ein Geschenk, denn das unangenehme Gefühl zeigt uns auf: „Ändere dich oder leide weiter."

Wenn Sie gestresst sind und Ihre Gelassenheit aus den Augen verlieren, wie machen Sie das? Indem Sie die Verantwortung für Ihr Denken nicht ganz erfüllen und das sogenannte ABC-Denken aus den Augen verlieren.

Mittlerweile dürfte es sich ja herumgesprochen haben, das ABC-Denken. Zwar wird es nicht immer so genannt, aber der Kern des Modells ist immer der gleiche. Das Modell hat drei Ebenen. Auf der Ebene A ist das, was im Leben tatsächlich passiert, also die Wirklichkeit. Ebene B ist unser Denken über die Wirklichkeit, unsere Meinung, Erklärung und Interpretation. Unsere Gefühle als Resultat daraus befinden sich auf Ebene C. Wenn Sie das genauer wissen wollen, empfehle ich Ihnen mein Buch *„Gelassenheit gewinnt"* aus dem Beck-Verlag. Kurz gesagt:

> **Seien Sie mal gestresst, ohne zu denken. Es geht nicht.**

Oder können Sie etwa Zeitnot haben, sich ärgern oder sich Sorgen machen, ohne etwas zu denken? Wohl kaum. In unserer westlichen Welt von Luxus und maximaler Sicherheit liegt es fast nie an den Tatsachen, sondern eher an unserer Denkweise, ob wir in einer Situation gestresst oder gelassen sind.

John Lennon soll gesagt haben, dass die Wirklichkeit vieles der Vorstellungskraft überlässt. Die Tatsachen im Leben können wir uns selten aussuchen, es passiert meistens, was passiert. Dafür haben wir keine Verantwortung, weil wir wenig Einfluss auf diese Tatsachen haben. Unsere Gefühle können wir auch nur schwer beeinflussen. Oder schaffen Sie es, von jetzt auf gleich nicht mehr traurig zu sein, wenn eine geliebte Person verstorben ist? Wohl kaum.

Aber unser Denken, das können wir von den drei Aspekten noch am ehesten beeinflussen. Daher haben wir hier nicht nur die größten Chancen auf Gelassenheit, sondern auch die größte Verantwortung.

Aus Erfahrung weiß ich, dass dieser Teil eventuell ein paar Schwierigkeiten im Bezug auf Verständnis und Akzeptanz bereitet. Nehmen wir ein Beispiel. Stellen Sie sich vor, eine Firma steht vor dem Problem, plötzlich viele Reklamationen wegen massiver Qualitätsschwankungen zu erhalten. Es wird eine „Task Force" aus verschiedenen Mitarbeitern zusammengestellt. Wenn die Ebene A, also die Tatsachenebene, ausschlaggebend für das Empfinden von Stress oder Gelassenheit wäre, würden alle Beteiligten gleich reagieren. Weil sie ja vor den gleichen Tatsachen stehen. Das passiert aber nicht. Denn die einen reagieren mit Panik, anderen ist es fast egal und wieder andere bleiben sachlich. Motto: die einen so, die anderen so. Stellen Sie sich mal vor, der eine sieht die Situation als sicheren Untergang der Firma („Das werden wir nicht überleben!") und ein anderer ist von folgender Idee fest überzeugt: „Probleme sind Geschenke und damit etwas Gutes!" Beide stecken in derselben Situation, denken aber ganz anders, fühlen ganz anders und handeln ganz anders. Wenn alle direkt auf A reagieren würden, würden ja alle gleich reagieren.

Mich würde es freuen, wenn mehr Menschen ihr Leben auf diese Weise führen würden. Dann ginge es nicht nur jedem Einzelnen besser, sondern auch unserer Gesellschaft. Es gäbe weniger Streit, Drama und Leid.

Das Stressgefühl als Signal betrachten, dann erkennen, was faktisch vorgefallen ist, und anschließend das eigene Denken erkennen. Übernehmen Sie die Verantwortung für Ihr Denken, indem Sie es anschauen, akzeptieren und bei Bedarf weiterentwickeln.

> Der Unterschied zwischen Stress und Gelassenheit ist nur ein Gedanke.

Lassen Sie uns jetzt also darüber nachdenken, was Sie für Ihre Gelassenheit tun können. Lassen Sie uns nicht darüber nachdenken, was Sie über Ihre Gelassenheit wissen müssen. Die Frage ist doch nie, was Sie über Gelassenheit wissen. Die Frage ist auch nicht, wie sehr Sie Gelassenheit wollen. Die Frage ist immer nur, was Sie für sie tun.

Die besten Strategien für mehr Gelassenheit und weniger Stress

Wenn Sie unangenehmen Stress haben, diesen aber haben wollen, reduzieren Sie automatisch das unangenehme Gefühl. Wenn Sie Ihr eigenes Stress auslösendes Denken erkennen und in Richtung Gelassenheit lenken, verschwindet das Problem und Lösungen entstehen. Und wenn Sie tun, was Ihnen Ihr Herz sagt, anstatt sich zu oft davon leiten lassen, was andere von Ihnen denken könnten, haben Sie viel mehr Möglichkeiten, für sich zu sorgen.

Ich persönlich musste drei Drachen töten, um gelassener zu werden: mangelnde Leidensbereitschaft, mangelnde Selbsterkenntnis und zu große Anpassungsbereitschaft. Leider scheinen die Drachen aber noch, kurz bevor ich sie geköpft habe, Eier gelegt zu haben. Die Monster tauchen also immer wieder mal auf. Aber: Je eher ich sie erkenne, desto schwächer sind sie. Das ist ein Kampf, der ein Leben lang dauert. Mir helfen dabei drei kurze Merksätze, die mich durch meinen Alltag begleiten:

Mache den Frust zum Freund.

Lenke dein Denken.

Lebe dein Leben.

Ärger, Druck oder Sorgen haben wir alle mal, allerdings gibt es nicht die Lösung dafür. Auch liegt die Lösung nie außerhalb Ihrer Person. Nur Sie

> Wir haben zwar alle die gleichen Probleme, brauchen aber individuelle Lösungen.

können innehalten und neue Wege gehen. Betrachten Sie bitte alle Strategien und Sichtweisen hier als Möglichkeit. Nicht als „die Lösung". Ich kenne Sie nicht, woher soll ich wissen, was Ihnen hilft? Aber ich kenne unsere menschlichen Denk- und Verhaltensweisen recht gut, sodass es eine große Chance gibt, dass Sie hier das ein oder andere schnappen und anwenden können.

Fangen wir gleich mit dem an, was mich seit vielen Jahren mit am meisten beschäftigt und meiner Erfahrung nach eine große Chance für echte Gelassenheit ist. Sicherlich nicht populär, aber beachtenswert: Emotionalisieren Sie weniger.

Trainieren Sie Ihren Sachlichkeitsmuskel.

In der Werbung oder in Teamarbeit mögen Gefühle ja wichtig sein. Aber um mehr Gelassenheit ins Leben zu kriegen, hilft der Fokus auf maximale Sachlichkeit. Sobald wir uns von einer vorhandenen Sache ablenken lassen, führen wir uns selbst in den Stress.

Wir sind gestresst, wenn wir es kompliziert machen und den Kern der Sache aus den Augen verlieren.

Stressgefühle vernebeln erst unser Denken und dann unseren Zugang zur Tatsachenebene. Wie wollen wir uns denn um die Lösung von „Problemen" kümmern, wenn wir sie nicht klar sehen können? Sehen Sie keine „Probleme", sondern einfach Situationen, die Lösungen brauchen. Nehmen Sie die unnötige Schwere raus. Wenn jemand Stress wegen eines Jobverlustes hat und sich in seiner Fantasie bereits ein Leben lang unter der Brücke lebend sieht, verliert er die anstehende sachliche Aufgabe aus den Augen: Finde einen neuen Job. Wenn der Partner Schluss macht, sieht man sich schnell einsam alt werden. Dabei wären die nächsten Schritte durch die Brille der Sachlichkeit betrachtet klar: Entweder heißt es, die Zeit des Alleinseins zu genießen oder sich von einem neuen Partner finden zu lassen. Profis schaffen sogar beides gleichzeitig, habe ich mir sagen lassen. Zwingen Sie sich, in Stresssituationen einen Blick auf die Sachlage zu werfen. Werden Sie besser darin, nie ist man in diesem Bereich fertig.

Zu dieser Idee der Sachlichkeit in Stresssituationen gehört es auch, von anderen an einen selbst gestellte Fragen sachlich zu beantworten, anstatt sich von ihnen beleidigt zu fühlen. Die Frage „Wussten Sie das denn nicht?" können Sie dann ganz cool mit einem „Nein" beantworten und das Gespräch wieder in die Hand nehmen, anstatt sich beleidigt zu fühlen. Sehen Sie den sachlichen Kern und antworten Sie sachlich. Direkt, gezielt und ganz ohne Drama.

Auch wenn Sie andere offensichtlichen Unsinn erzählen hören und davon genervt sind, ist es gut, den sachlichen Kern zu ergründen, um der Person die Macht über unsere Gefühle und Stimmungen zu nehmen. Müssen Sie manchmal, beispielsweise in Zügen, auch Gesprächen zuhören, die Sie zwar nichts angehen, aber so verrückt sind, dass Sie nicht weghören können? Das zieht einen magisch an.

Letztens musste ich einfach hinhören, so abstrus waren die Erzählungen. Ich sitze nach einer herrlichen Wanderung auf einer Terrasse eines Kaffees auf La Palma. Direkt am Nebentisch schwadroniert eine schwäbische Oberlehrerin nicht nur laut, sondern in allen vermeintlichen Details darüber, dass Europa bald untergehen würde, weil der Geldadel die Weltherrschaft übernehmen würde. Dabei den Blick aufs Meer zu genießen ist eine Herausforderung, der ich nicht gewachsen bin. Also drehe ich mich nach ein paar Minuten um, schaue sie freundlich an und frage sie nach kurzer Begrüßung und dem nötigsten Smalltalk: „Welche Fakten haben Sie für Ihre Meinung? Und mit Fakten meine ich nachprüfbare Tatsachen, die einer neutralen Prüfung standhalten würden." Ohne Witz: Wenn es diese gäbe, wüsste ich gerne davon. Darauf konnte sie nicht antworten. Die Ruhe am Nachbartisch war dann angenehm. Bezahlt haben sie auch schnell.

So etwas funktioniert natürlich nur dann friedlich, wenn Sie an der Antwort ein wirkliches Interesse haben. Ansonsten ist es ja ein Angriff. So nur ein Nachfragen.

Trainieren Sie Ihren Sachlichkeitsmuskel und Sie entfernen das Drama aus Ihrem Leben. Schauen Sie dafür genau hin, anstatt sich von der ersten Meinung in die Irre führen zu lassen.

Es gibt dazu eine schöne Geschichte von Gandhi, der einen Schuh beim Einsteigen in einen Zug verloren haben soll. Gerade als der Zug losgefahren ist, stellte er es fest und warf ganz schnell den anderen Schuh auch noch auf den Bahnsteig. Seine Begleiter waren irritiert und fragten ihn, warum er das gemacht habe. „So kann der Finder des ersten Schuhs auch etwas mit ihm anfangen.". Eine herrlich sachliche Reaktion, die sicherlich schlauer ist, als sich über den unwiederbringlichen Verlust aufzuregen.

Eine weitere hilfreiche Strategie, um das Leben in aktiver Gelassenheit zu führen, besteht darin, noch öfter Beobachter seines unbewussten Verstandes zu sein. Das erscheint Ihnen unlogisch? Unbewusstes bewusst beobachten, so ganz ohne Therapeut im ausgeleierten Wollpulli? Warten Sie mal ab, ob Sie es immer noch unlogisch finden, wenn Sie das Kapitel zu Ende gelesen haben.

Das Denken wird im Verstand generiert. Hierbei gibt es einen bewussten und einen unbewussten Verstand – der unbewusste siegt. Das kennt jeder aus seinem Leben: Der bewusste Plan ist, mehr Obst zu essen. Doch das Unbewusste sanktioniert dieses Plan. Das bewusst und hoch motiviert gekaufte Obst verschimmelt, weil der unbewusste Plan Obst für nicht lecker und außerdem umständlich in der Zubereitung hält. Da ist ihm die Belohnung durch Schokolade wichtiger.

Wie erkennen Sie nun aber den unbewussten Verstand? Ganz einfach: an Ihrem Verhalten und den Ergebnissen in Ihrem Leben. Wenn Sie viel über Entspannung gelesen haben und schon zahlreiche Kurse belegt haben (Idee Ihres bewusstes Verstandes: „Du musst mehr für dich tun"), aber immer noch hektisch sind und unter Druck stehen, dann erkennen Sie an den Ergebnissen (Hektik und Druck), wie Ihr unbewusster Verstand tickt. Denn dieser wird andere Dinge als wichtiger erachten als Ihre Entspannung. Das liegt auf der Hand, oder? Wir lernen vieles. Und besonders Eindringliches, Emotionales und Wiederkehrendes setzt sich im unbewussten Verstand fest. Das ist auch ganz praktisch, weil wir so spontan und schnell sind, ohne immer alles durchdenken zu müssen.

Allerdings haben wir nicht überlegen können, ob wir eine Idee überhaupt unbewusst aufnehmen wollen. Denn diese Ideen setzen sich größtenteils in früher Kindheit und beim Erwachsenwerden fest. Dabei können wir ja schlecht sagen: „Liebe Eltern/Lehrer/sonstige Person, gerade scheint sich was in meinem Unbewusstsein zu verankern. Lass mich noch mal darüber nachdenken, ich gebe euch/Ihnen/dir gleich ein Feedback." Das läuft ganz anders: Sie erleben etwas, speichern diese Erfahrung und lassen sich von ihr zukünftig steuern.

Ich zum Beispiel sollte mich zu Hause am Telefon immer freundlich, höflich und am besten gut gelaunt melden, auch wenn mir gar nicht danach war.

Was hat mein unbewusster Verstand durch die ständige Wiederholung gelernt? Kümmere dich um andere, egal wie es dir dabei geht.

Von solchen Zusammenhängen wollen viele Menschen wenig hören. Aber ich bin durch Beobachtung meiner Person und vieler anderer Personen fest davon überzeugt. Wir lernen etwas, es verankert sich um Unbewussten, dann wird es generell und lenkt unser Denken und damit unser Verhalten. Das ist auch der Grund, warum es uns wider besseren Wissens immer wieder so schwerfällt, gelassen zu bleiben und das zu tun, was uns am Herzen liegt.

Denken Sie an das ABC-Denken zurück. Denn mit Glaubenssätzen setzen wir vor die Tatsachen ein Minuszeichen.

Glaubenssätze beeinflussen unser Gefühlsleben mehr als Tatsachen.

(Das ist ein unangenehmes, lästiges Problem, welches besser nicht da sein sollte!) Oder ein Pluszeichen. (Diese Aufgabe gibt mir die Chance, etwas zu lernen, um dann zukünftig damit besser umgehen zu können. Außerdem gehören Probleme zum Leben dazu, schließlich wäre es sonst langweilig. Ich bin stärker als jedes Problem, also los!)

Stellen Sie daher Glaubenssätze auf den Prüfstand, unterziehen Sie sie einer TÜV-Untersuchung. Glaubenssätze sind selbstverständlich nicht per se schlecht, nur sind sie nicht immer passend, lassen uns etwas übertrieben wahrnehmen oder keine Lösung mehr sehen. Stress auslösend werden sie vor allem dann, wenn sie generell werden. Denn nichts stimmt immer. So macht der Glaubenssatz „Ich muss pünktlich sein" zwar meistens Sinn und ermöglicht erfolgreiche Zusammenarbeit. Wenn Sie aber mit diesem Glaubenssatz mit Ihrem Auto in einer Vollsperrung stehen und zu spät kommen werden, kriegen Sie Stress. Das Gegenteil ist in dieser Situation viel sinnvoller: Ich muss nicht pünktlich sein – weil ich es nicht kann. Auch hier merken Sie, wie wichtig der Sachlichkeitsmuskel ist. Und wie gut es ist, nicht generell, sondern situativ zu denken.

Erwischen Sie sich in den kommenden Wochen vor allem bei diesen vier häufigen Glaubenssätzen, die meiner Erfahrung nach am meisten verbreitet sind und oft Stress, Ärger und Druck auslösen:

Ich kann andere Menschen verändern.

Alle sollen meiner Meinung sein.

Ich darf keine Fehler machen.

Das Leben sollte fair sein.

Um sie zu erkennen, brauchen Sie abends nur Ihren Tag Revue passieren zu lassen. Gehen Sie dabei in Gedanken Situationen durch, in denen Sie sich irgendwie unwohl gefühlt haben. Fragen Sie sich dann: „Was musste ich denken/glauben, um mich in der Situation so zu fühlen?"

Damit übernehmen Sie die Verantwortung für Ihr Gefühl und haben eine Chance, die gleiche Situation zukünftig anders zu sehen.

Weil Stress durch Glaubenssätze entsteht, können und müssen wir diese verändern. Wie entstehen Glaubenssätze? Sie entstehen durch Informationen, die wir für richtig halten.

> **Glaubenssätze verändern wir durch neue Informationen, die wir für richtig und wichtig halten.**

Dafür gilt es, die oben beschriebene Strategie der abendlichen Reflexion anzuwenden und zu lernen, lernen, lernen.

Auch wenn dies kein Übungsbuch ist, darf ich Sie vielleicht an dieser Stelle mit einem Vorschlag inspirieren. Um Ihre Stress auslösenden Glaubenssätze zu erkennen, brauchen Sie nur folgende zwei Sätze zu ergänzen und sich dann eine Frage zu stellen, um langsam, aber sicher umzulernen und sich dann weniger von ihnen stressen zu lassen: „Manchmal bin ich gestresst, weil ich denke, ich muss ..." und „Manchmal bin ich gestresst, weil ich denke, ich darf nicht ..."

Wenn herauskommt „... weil ich denke, ich muss immer mein Bestes geben", ist „Ich muss immer mein Bestes geben" der Stress auslösende Glaubenssatz. Einfach und kein Hexenwerk, oder? Nehmen Sie sich dann jeden einzelnen Glaubenssatz vor und zerren sie ihn über den TÜV: Habe ich 100 Prozent aller möglichen Informationen, um das sicher wissen zu können? (In diesem Beispiel: dass ich immer mein Bestes geben muss?)

So können Sie sich zwei Aspekte klarmachen: erstens vermuten Sie es, wissen es aber nicht. Zweitens können Sie erkennen, welche Vorteile, Sicherheiten und Erfolge Sie von diesen Stress auslösenden Geschichten haben – und wovon sie Sie abhalten. Dann können Sie ausgewogen abwägen und entscheiden, was Sie im Einzelfall bevorzugen.

Situationen, in denen uns die nötige Gelassenheit fehlt, empfinden wir schnell als unangenehm und stürzen uns dann in

> **Ich kann mein Denken nicht stoppen, aber lenken.**

Selbstmitleid oder Selbstvorwürfe. Zum Beispiel ärgert Ärger doppelt. Einmal in der Situation und dann ärgern wir uns oft darüber, dass wir uns geärgert haben. Das hilft jedoch nicht.

Lassen Sie uns an solche Situationen häufiger mit dem Motto „Gelernt wird immer" herangehen: Oft fehlt uns die Gelassenheit, wenn etwas passiert, das wir nicht beeinflussen und verändern können. Nachdem Sie in der Situation selbst Ihr Bestes an Sachlichkeit, Freundlichkeit und Handlungsorientierung gegeben haben, gibt es im Rückblick noch eine gute Möglichkeit, solche Situationen zu nutzen, um aus ihnen zu lernen. Die Brücke dorthin besteht aus Fragen, die uns einerseits auf den guten Kern, andererseits auf das Lernpotenzial hinweisen. Die Fragen sind so einfach wie wirksam: „Das ist gut, weil …", „Das ist jetzt meine Chance, zu lernen, wie ich …" oder „Ich kann dankbar dafür sein, weil …".

Lassen Sie uns öfter offen und neugierig für unser Leben sein und noch mehr danach schauen, was es an Geschenken für uns hat. Zwar mögen diese Geschenke manchmal hässlich verpackt sein, aber grundsätzlich ist es doch sehr hilfreich, wenn wir mit folgender Idee durch unser Leben gehen und dabei Stresssituationen nutzen, um zu wachsen:

> **Alles im Leben passiert für mich, nichts passiert gegen mich.**

Wie wir unsere Gelassenheit sabotieren

Gelassenheit ist ein natürlicher Normalzustand. Gehen Sie in die Natur, deren Teil wir ja sind, und beobachten Sie, ob das stimmt. Sie werden feststellen: Es gibt zwar mal kurz Stress, wenn die Katze den Vogel jagt oder die Enten sich auf dem Teich nicht vertragen, aber grundsätzlich herrscht Frieden. Das macht ja auch Sinn, wer hält schon Stress als Normalzustand aus? Gelassenheit in Form von Ruhe, Frieden und Stille lässt sich da schon besser aushalten.

Nur wir Menschen schaffen es in zu vielen Fällen und in zu langen Phasen, Stress als Normalzustand zu generieren. Dass wir das mit unserem Verstand schaffen, konnten Sie bereits lesen. Stellen Sie sich für einen Augenblick vor, Sie hätten keinen Verstand, Sie könnten nicht denken und wären so präsent, dass Sie immer im Augenblick wären, ohne an die Vergangenheit oder Zukunft zu denken. Die allermeisten Aspekte, die uns heute Stress bereiten, würden wir gar nicht wahrnehmen.

Nun bin ich natürlich nicht generell gegen den Verstand, und das nicht nur, weil Ihr gesunder Menschenverstand Sie dieses Buch kaufen ließ. Spaß beiseite: Unser Verstand führt uns mit bestimmten Programmen immer wieder in Stress. Manchen Aspekten im Leben schenkt er zu viel Aufmerksamkeit, anderen zu wenig oder gar keine.

Lassen Sie uns die Dinge beim Namen nennen: Wir alle haben ein Recht auf ein glückliches, erfülltes Leben. Nur stehen wir uns selbst mit solchen Programmen zu oft im Weg. Damit Sie sie bei sich erkennen, entlarven und entmachten können, beschreibe ich Ihnen diejenigen, welche ich bei mir und anderen immer wieder beobachte. Sind Ihre dabei?

Wenn wir unter Stress stehen, dann …

… sind wir nicht fasziniert davon, am Leben zu sein. Wir halten das Leben dann eher für ein Problem. Wir wollen es nicht annehmen. Wir halten es für nichts Besonderes, dabei ist es das größte Geschenk, das wir jemals erhalten werden. Das gilt insbesondere, wenn man durch pures Glück in reichen Ländern geboren wurde.

… sind wir uns nicht bewusst, dass das Leben endlich ist und wir mit dieser Ressource sehr verantwortungsbewusst umgehen sollten. Jeder Moment und jede Stunde, die wir uns durch Stress vermiesen lassen, ist unwiderruflich weg. Jeder Tag ist wie ein Sandkorn, der in der Sanduhr nach unten fällt. Wir sollten ihn mit Respekt, Dankbarkeit und Bewunderung behandeln.

… suchen wir Problem und Lösung für unseren Stress am falschen Ort. Oft machen wir andere für unseren Zustand verantwortlich. Den Stau, den Chef, den Kunden, den Lebenspartner, die Kinder oder die Politiker. Nichts davon ist wahr. Denn nicht alle in derselben Situation sehen das genauso und fühlen dann genau denselben Stress, den wir fühlen.

… tun wir zu wenig für unsere Gelassenheit. In stressigen Phasen geraten wir in ein toxisches Ungleichgewicht zwischen Erholung und Verausgabung. Pausen kommen zu kurz. Für Entspannung ist keine Zeit und wir stürzen uns in Aufgaben, verlieren dabei aber die Übersicht. Wir kümmern uns um Projekte, die Interessen anderer und verlieren dabei aus den Augen, etwas für uns selbst zu tun, um gelassen zu sein.

… nehmen wir andere wichtiger als uns selbst. Wir geraten nicht in Stress, wenn wir Wege suchen, um unsere Interessen mit denen der anderen in Einklang zu bringen. So, dass niemand in Vergessenheit gerät. Sondern wir geraten in Stress, wenn wir zu oft und über einen zu langen Zeitraum glauben, die Interessen der anderen über unsere eigenen stellen zu müssen. Also ein „Hoch!" auf gesunden Egoismus, um wieder mehr ins Gleichgewicht zu kommen.

… neigen wir dazu, recht haben zu wollen. Im Stress sind wir nicht in der Lage, andere Sichtweisen zuzulassen. Wir sind sicher, dass es besser gewesen wäre, wenn der Mitarbeiter auf uns gehört hätte. Wir sind sicher, dass wir nicht um die begründete Verschiebung der Deadline bitten dürfen. Nicht umsonst heißt sie ja Deadline. Unsinn. Wir übersehen dabei, dass wir im Stress nur eine von vielen möglichen Sichtweisen favorisieren und andere Perspektiven gar nicht mehr zulassen. Wir haben lieber recht als Glück und Gelassenheit.

… glauben wir, eine objektive Wirklichkeit zu sehen und die Wahrheit zu erkennen. Jeder Student der Neurobiologie lernt bereits im ersten Semester, dass wir über unsere Sinne wahrnehmen und so keinen direkten, unverfälschten Zugang zur Wirklichkeit haben. Im Stress ist uns das aber egal. Im Stress wissen wir, wie „es in Wirklichkeit ist". Wir sind so sehr von unserer Objektivität überzeugt, dass wir vollkommen übersehen, dass der andere von uns zwar subjektiv als uninteressiert, unfähig oder unverschämt wahrgenommen wird, dies aber noch lange nicht objektiv so sein muss.

… sind wir nicht bereit, uns zu verändern. Sondern wir wollen andere oder anderes verändern. Nehmen wir nur das Beispiel Ärger: Wen wollen Sie im Ärger verändern? Sich oder den anderen? Wir sind richtig, die anderen sind falsch. Wir sind die Guten, die anderen sind die Bösen. Es wird jede Kraftanstrengung unternommen, um so zu bleiben, wie wir sind. Veränderung bedeutet Gefahr, sie verunsichert uns. Da leiden wir doch lieber. Warum denn groß die eigene Haltung verändern, sollen das doch die anderen tun!

Vielleicht gefallen Ihnen meine Betrachtungen nicht. Es kann allerdings gut sein, dass gerade diejenige, welche Ihnen am wenigsten zusagt und Sie am meisten nervt, die Erkenntnis mit dem größten Potenzial für Sie ist. Seien Sie offen und reflektieren Sie. Dieses Kapitel enthält viele Perspektiven und Strategien, um mehr Gelassenheit ins Leben zu kriegen. Wählen Sie aus und gehen Sie in aller Ruhe vor. Sie haben es bisher ohne das Buch geschafft, also brauchen Sie jetzt nicht Ihr Leben umzukrempeln. Aber das ein oder andere könnte Ihnen dabei helfen, sich noch wohler zu fühlen. Gönnen Sie sich das.

4.
Maximale Zuversicht

„The russian way"

Ich lasse das iPad sinken und sitze schockiert und fassungslos da. Ich war bestürzt und stumm, als ich das Titelblatt der Süddeutschen vom 01.01.2017 sehe. „Hoffnung auf ein besseres Jahr 2017 dahin. Bomben fallen auf Aleppo". Natürlich ist es schlimm, wenn Bomben fallen und Krieg herrscht. Das ist krank und zeigt die dunkle Seite der menschlichen Seele. Lassen Sie uns helfen, wo wir nur können!

Doch die Schlagzeile zeigt etwas auf, das in mir einen unangenehm bitter schmeckenden Cocktail aus Sorge, Wut und Hilflosigkeit braut.

Wie kann denn an einer so meinungsbildenden Stelle das neue Jahr gleich am ersten Tag abgeschrieben werden? Welches Hirn hat das freigegeben? Ich halte ein solches Denken und Schreiben in der Öffentlichkeit für verantwortungslos. Mir ist sehr wohl bewusst, dass hinter solchen Schlagzeilen pure Berechnung steht, weil sie sich verkaufsfördernd auswirken. Verkaufen ist nichts Schlechtes, aber zu jedem Preis?

Ist es nicht auch Aufgabe der Massenmedien, neben der Übermittlung von Fakten ihrer gesellschaftlichen Verantwortung gerecht zu werden? Jeder Einzelne trägt eine solche Verantwortung, also auch die Damen und Herren Zeitungsmacher. Verantwortung hat auch etwas damit zu tun, wozu ich mit meinen Entscheidungen und Handlungen beitrage.

Eine solche Schlagzeile behindert die Entwicklung von Zuversicht, weil zu viele Menschen nicht reflektieren und einfach glauben, was in den Zeitungen steht. Sie lesen etwas und aus ihrer Erinnerung kramen sie dann Erfahrungen zusammen, die zu der These „Das neue Jahr wird nicht besser als das alte Jahr" passen.

Wahrscheinlich haben die meisten Menschen anders als ich auf die Schlagzeile reagiert. Ohne dass ich es beweisen kann, behaupte ich, dass die meisten gedacht haben werden: „Genau, 2017 wird genauso wie 2016!"

Das Bestürzende dabei ist, dass es stimmt. Wenn ein Mensch glaubt, dass es so weitergeht wie bisher, und auf die nötige Prise Zuversicht, Fantasie und Energie für eine Verbesserung verzichtet, dann hat er recht. Dann tritt ein, was er vermutet, was auch sonst?

Ich wünsche mir, dass wir mit mehr Zuversicht durchs Leben gehen.

> **Egal was uns das Leben bringt, lassen Sie es uns erst annehmen und dann voller Zuversicht und Tatendrang dafür sorgen, dass es besser wird.**

Sowohl in der großen weiten Welt als auch in unserer kleinen Welt, wo wir direkt etwas beeinflussen können.

Tatendrang braucht Zuversicht. Wie soll ein Lehrer sich auch um seine schwierigen Schüler kümmern, wenn er denkt, dass alles nichts bringt? Unmöglich! Wie kann ein Verkäufer voller Begeisterung und Power ein neues Produkt verkaufen, wenn er denkt, dass es sowieso keiner haben will? Wie soll eine Führungskraft einen Veränderungsprozess erfolgreich gestalten, wenn er von seiner Mannschaft denkt, dass sie aufgrund ihrer Verschlossenheit gegenüber Neuem sowieso nicht zu überzeugen ist?

> **Erst die große Zuversicht, dann die große Tat!**

Mit Zuversicht meine ich nicht, dass Sie die rosarote Brille aufsetzen und einem sterbenskranken Menschen sagen, dass er schon wieder gesund wird. Das wird er Ihnen nicht glauben. Aber vielleicht hat er ja Angst vor Schmerzen und dann können Sie Zuversicht ins Spiel bringen. Das Sterben können Ärzte nicht aufhalten, aber Schmerzen können sie behandeln.

Zuversicht soll keine Tatsachen verbiegen, das ist mogeln, sich etwas schönreden und vormachen. Belügen Sie sich nicht selbst, das kann sich rächen.

Lassen Sie uns erst den Tatsachen ins Auge sehen und sie dann zuversichtlich betrachten.

Zuversicht hat sehr viel mit dem richtigen Timing zu tun, damit sie wirken kann. Wenn sie zum falschen Zeitpunkt eingesetzt wird, schadet sie mehr, als sie nutzt.

Ich wünsche mir, dass Sie darüber nachdenken und dann zum folgenden Schluss kommen: Es ist sinnvoll, zwischen einer Phase der Analyse und einer Phase der Interpretation zu unterscheiden.

Damit Ihre Analyse der Situation möglichst objektiv und damit hilfreich ist, muss sie von uns als Betrachter möglichst ohne Tendenz von Wunsch und Werten vorgenommen werden.

> Erst eine neutrale Analyse, dann eine zuversichtliche Interpretation.

Wie gefährlich eine Übertreibung von Optimismus sein kann, habe ich vor ein paar Jahren in Kalifornien in der herrlichen Küstenregion Big Sur erlebt. Falls Sie das nicht kennen sollten: Das ist die Strecke auf dem Highway Number 1 von San Francisco bis Santa Barbara. Steilküste, Wälder, das Meer, eine magisch schöne Gegend. Ich fuhr gegen Abend mit meiner Frau in südlicher Richtung und muss ganz zu Beginn übersehen haben, dass die Strecke in ca. 50 Kilometern gesperrt ist. Aufgrund der hügeligen und kaum besiedelten Küstenregion kann man nicht einfach eine Ausfahrt nehmen, sondern muss den ganzen Weg zurückfahren.

> Es gibt Optimisten, Pessimisten und Vollidioten. Vollidioten übertreiben eines von beiden.

An der Vollsperrung angekommen, war die Stimmung erst mal auf dem Nullpunkt. Motor aus, Handbremse anziehen, einen Moment abwarten und sich neu sortieren. Währenddessen hält hinter uns ein anderes Auto, zwei junge Damen steigen aus, gehen an der Absperrung vorbei und sind nach einer Kurve verschwunden. Mittlerweile haben wir herausgefunden, dass Teile der Straße weggebrochen sind. Ich mache mir etwas Sorgen um die beiden und will gerade um die Kurve schauen, als sie mir gut gelaunt entgegenkommen. „Let's do it the russian way!", höre ich von den beiden gut gelaunten Urlauberinnen aus Moskau. Wahrscheinlich waren sie als Stuntfahrerinnen ausgebildet.

Die beiden wollten tatsächlich mit dem ein oder anderen Brett und ein paar Steinen über eine Straße fahren, die mehr als zur Hälfte weggerissen war und in einen ca. 100 Meter tiefen Abgrund führte. Die verbleibende Straßenbreite bestand aus weniger als einer Spur, unmöglich, darüberzufahren.

Die Unmöglichkeit ergab meine neutrale Analyse, die in der Mathematik eine Freundin findet. Das Ergebnis von Straßenbreite minus Wagenbreite sollte positiv sein. Da hilft keine Zuversicht, da hilft Logik. Das habe ich versucht, den beiden verständlich zu machen, und ihnen an dieser Stelle sowohl vom „russian way" als auch vom „american way" abgeraten. Zum Glück fand ich Gehör.

Zuversicht spielte dann erst eine Rolle, als wir umgedreht sind und ganz bewusst überlegt haben, wie wir die Situation zuversichtlich betrachten konnten. „Vielleicht ist die Rückfahrt ja weniger anstrengend und schöner, als wir denken, und wir erleben das ein oder andere", war unsere Vermutung und genauso kam es auch.

Im Verkaufstraining gibt es eine schöne Geschichte, die auf prägnante Weise zeigt, wie bedeutend Zuversicht ist. Die Essenz: Der Verkaufsleiter einer Schuhfabrik schickt einen Verkäufer mit dem Auftrag nach Afrika, die dortigen Verkaufschancen zu erkennen. Dieser meldet frustriert: „Hier trägt keiner Schuhe, wir haben null Chancen!" Der Verkaufsleiter legt auf eine zweite Meinung wert und entsendet zur Sicherheit einen weiteren Mitarbeiter. Dieser meldet nach kurzer Zeit begeistert: „Hier trägt keiner Schuhe, es liegt ein riesiges Potenzial brach. Schickt mir sofort 500 Paar!" Obwohl beide mit denselben Tatsachen konfrontiert sind, kommen sie zu anderen Schlüssen. Wem geht es wohl besser? Wer führt wahrscheinlich ein besseres Leben und hat öfters gute Laune als der andere?

Seien Sie mal zuversichtlich, ohne zu denken. Seien Sie mal pessimistisch, ohne zu denken. Probieren Sie es aus und Sie werden feststellen, dass es nicht geht. Genau wie Dankbarkeit, Ärger oder Sorge hat die Zuversicht unser Denken als Basis.

Auch wenn wir Deutschsprachige im Allgemeinen weniger zuversichtlich erzogen werden als beispielsweise die meisten US-Amerikaner, können wir die Verantwortung für unsere Zuversicht übernehmen. Oder besser: Gerade weil wir Optimismus nicht sehr stark in unserem Denken verankert haben, können wir ihn bewusst stärken.

Schauen Sie sich am Beispiel von Angela Merkel an, was mit Menschen gemacht wird, die zuversichtlich sind und das sagen.

Ihr „Wir schaffen das!" zur Flüchtlingssituation im Jahr 2016 wurde von allen Seiten angegriffen. Wie sie so etwas nur wissen könne. Als zuversichtlicher Mensch war mir gleich klar, dass wir das schaffen. Die Anzahl der zu erwartenden Flüchtlinge war in Relation zur deutschen Bevölkerung überschaubar. Die finanzielle und logistische Investition war machbar. Deutlich ärmere Länder haben pro Einwohner einen, vorübergehend sogar zwei Flüchtlinge aufgenommen, da werden wir es doch wohl erst recht schaffen. Als eines der reichsten Lände der Erde. Alles das hat sich natürlich im Rückblick als richtig erwiesen und wir haben es geschafft. Da frage ich mich: Warum nicht gleich erst möglichst neutral analysieren und dann das Ganze zuversichtlich angehen? Mir geht es um eine faktenbasierte Zuversicht.

Sicherlich kennen Sie auch Lebensphasen, in denen es Ihnen schwerer als sonst fällt, zuversichtlich zu sein. Die Mathe-5 des Sohnes, die Krise in der Beziehung oder der ausbleibende wichtige Auftrag.

Uns alle stellt das Leben manchmal vor unangenehme Aufgaben. Vor Aufgaben, auf denen es nach einer sachlichen Analyse der Situation darauf ankommt, sie mit möglichst großer Zuversicht zu betrachten und anzugehen.

Eine der besten Strategien, diesen realistischen Optimismus aufzubauen, besteht in einer mentalen Metapher namens „Ebbe und Flut". Ich nutze sie regelmäßig, zum Beispiel bei Rückschlägen. Die Idee: Von Natur aus ist vorgesehen, dass nach der Ebbe die Flut kommt. Es gibt nicht nur Ebbe, auch wenn das manchmal so erscheint. Der ständige Wechsel garantiert mir, dass immer wieder bessere Zeiten kommen. Betrachten Sie Ihr bisheriges Leben und stellen Sie dabei fest, dass das tatsächlich in allen Bereichen so ist. Nirgends gibt es Kontinuität, es geht immer rauf und runter. In der Beziehung, in der Stimmung, in der Familie, im Business, beim Sport. Nie ist es ab einem bestimmten Zeitpunkt nur gut oder nur schlecht.

Wenn ich mich wegen irgendwelcher Schwierigkeiten unwohl fühle, beispielsweise überfordert bin, dann mache ich mir dieses Prinzip von Ebbe und Flut bewusst. Ich kann mir immer sicher sein, dass „bessere Zeiten" kommen. Die bleiben dann auch nicht für immer, kommen aber immer wieder. Ich glaube das, weil ich es erfahren habe. Das gibt mir echte Zuversicht.

Sie können alternativ auch an ein Glücksrad denken, auf dem in gleicher Anzahl und Größe schwarze und weiße Felder sind. Wenn Sie mal auf einem schwarzen Feld gelandet sind, gehört das dazu. Aber Sie dürfen erneut drehen und hoffen, dass Sie auf einem weißen Feld landen. Hier ist die Mathematik auf Ihrer Seite. Nur erneut drehen müssen Sie selbst.

Behalten Sie auch Ihre Zuversicht, wenn Ihnen mal ein Fehler unterlaufen ist. Sie haben einem Kunden einen im Rückblick unsinnigen Lösungsvorschlag unterbreitet und denken verschämt „Das hätte mir nicht passieren dürfen!" Frauen scheinen Fehler übrigens mehr auszumachen als Männer. Das hat seine Wurzeln sicherlich nicht im Zufall oder in der Biologie, sondern in der unterschiedlichen Erziehung. Wählen Sie den Weg der Zuversicht und betrachten Sie Ihren Irrtum so: „Mist! Aber passiert ist es nun mal, also betrachte ich es möglichst konstruktiv. Ich kenne jetzt einen Weg, wie es nicht geht. Das musste wohl sein, um einen besseren Weg zu finden." Reißen Sie sich zusammen und zwingen Sie sich, die Situation durch die Brille der Zuversicht zu sehen.

Sie können von der amerikanischen Motivationsbranche halten, was Sie wollen, in einem Punkt haben die Experten recht: „Ist es wirklich das Ende oder bloß ein Zwischenstand!?" Das hilft ungemein, einen Rückschlag in etwas Positives zu verwandeln.

Warum nehmen wir uns so oft unsere eigenen Möglichkeiten und fragen gar nicht erst nach? Oder probieren etwas gar nicht erst aus? Weil uns der Optimismus fehlt.

Gedanken können Käfige sein oder Sprungbretter.

Prüfen Sie noch mal diesen Schlüsselsatz und erkennen Sie sein Potenzial: „Seien Sie mal (nicht) zuversichtlich, ohne zu denken."

Setzen Sie ein Pluszeichen vor alles, was passiert

Alles, was im Leben passiert, ist erst mal neutral. Es passiert. Ob Sie wollen oder nicht. Vor allem, was passiert, ist als Symbol für seine Neutralität eine Null. Etwas passiert und findet erst durch Sie eine Bewertung.

Aus den neutralen Fakten des Lebens machen wir etwas und setzen ein Vorzeichen. Es gibt nur zwei: plus oder minus. Wir können alles, was passiert, immer auf diese zwei Weisen bewerten. Anscheinend tendieren wir Menschen dazu, neue oder anders geplante Geschehnisse erst mal negativ zu bewerten, indem wir ein spontanes Minuszeichen setzen. Oder nehmen Sie zunächst alles immer neutral wahr? Wohl kaum. Erkennen Sie das beim nächsten Mal und übernehmen Sie für Ihre eigene Zuversicht die Verantwortung. Wie? Indem Sie einfach den einen Strich mehr machen, den das Pluszeichen vom Minuszeichen unterscheidet.

Können wir so die Zukunft vorhersagen? Ist Zuversicht eine Garantie für Erfolg? Sicherlich nicht. In so einer Welt wollen Sie auch gar nicht leben. Wir können sie jedoch beeinflussen. Dabei steigern wir die Chance auf ein gutes Ende, wenn wir gut anfangen. Also lassen Sie uns die Gegenwart möglichst positiv interpretieren, damit die Zukunft, die wir nur jetzt beeinflussen können, möglichst positiv wird.

Dazu brauchen Sie keinen Ratgeber mit dem Titel „Mit 13 Schritten zur Zuversicht", sondern nur die Bereitschaft, das Leben zuversichtlich anzugehen.

Wenn ich auf andere Anhänger der Bedeutung von Zuversicht treffe, erfrage ich gerne deren Gründe dafür. Schließlich führt ein guter Grund für etwas automatisch zu dessen Anwendung. Immer wieder kristallieren sich drei Hauptgründe heraus. Erstens haben zuversichtliche Menschen begriffen, dass es ihnen gut gehen darf. Zweitens haben sie die Erfahrung gesammelt, dass Zuversicht Kraft gibt. Nicht umsonst wurde in den Kulturen der Spartaner und Römer größter Wert auf

Kraft und Stärke gelegt, weil beides die Voraussetzung für das Leben von Werten ist. Wenn Sie schwach sind, wie wollen Sie Ihre persönlichen Werte durchsetzen, vor allem gegen den Winderstand der anderen? Drittens haben zuversichtlich lebende Menschen die Erfahrung gesammelt, dass Zuversicht im Rückblick oft begründet ist. Wenn Sie daran glauben, dass Sie etwas schaffen, es probieren und es dann schaffen, lernen Sie etwas extrem Wertvolles: Sie hatten mit Ihrer Zuversicht recht.

Sollten Sie jetzt denken, dass es ja auch nicht hätte funktionieren können, zeigt Ihnen das Ihr Wachstumspotenzial für begründete Zuversicht und konstruktiven Optimismus auf.

> *Der Trick bei Zuversicht besteht darin, zu erkennen, dass es eine Entscheidung und zugleich eine Fähigkeit ist, die es zu entwickeln gilt.*

Erst wählen wir, zuversichtlich zu sein, und dann trainieren wir das. Genau wie beim Sport. Die Bedeutung dieser Entscheidung besteht nicht in der Wahl, einen Apfel oder eine Kiwi zu essen, sondern hat eine grundsätzliche Dimension. Trete ich aus der Kirche aus oder nicht? Kündige ich meinen Job und gründe ich eine Firma oder nicht? Es ist eine moralische, ethische, grundsätzliche Entscheidung für einen neuen Lifestyle. Dann kommen viele Folgen dieser Entscheidung, und zwar automatisch! Es ist eine Schwarz-Weiß-Entscheidung. Pessimistischer oder optimistischer Lifestyle. Entweder – oder. Automatisch machen Sie vom einen mehr, vom anderen weniger. Vieles fällt Ihnen plötzlich leicht. Das ist etwas Grundsätzliches von immenser Bedeutung.

Ich sage oft: „Sie können gerne pessimistisch bleiben. Aber richtig glücklich werden Sie so nie."

Verschwenden Sie null Prozent Ihrer Energie für wiederkehrende Sorgen, die das Resultat problemorientierter Denkweisen sind. Sorgen Sie mit Zuversicht dafür, dass Sie sich in Ihrer Haut wohlfühlen, machen Sie sich selbst handlungsfähig.

Tun Sie das in einer Welt, die sich nicht um Sie kümmert. Natürlich gibt es ein paar Menschen, denen Ihr Wohl und Ihr

Optimismus am Herzen liegt. Ich gehöre dazu. Ich will, dass es Ihnen gut geht und dass Sie aufgrund maximaler Zuversicht alles erreichen, was Ihnen wichtig ist. Aber der großen Mehrheit ist es egal, wie es Ihnen geht. Ihr Wohlergehen ist Ihre Verantwortung. Ihre Zuversicht auch.

Sie erreichen das durch Selbsterkenntnis. Erkennen Sie selbst, wie Sie ticken. Sehen Sie sich dabei zu, wie Sie der Pessimismus runterzieht. Beobachten Sie sich, wenn Sie die Faktenlage pessimistisch interpretieren. Kriegen Sie mit, wie Sie sich davon heruntergezogen fühlen.

Erkennen Sie, was Sie brauchen, um gesund und glücklich zu sein. Wofür Sie sorgen müssen, um am Ende Ihres Lebens sagen zu können: Das waaaaaar spitzeeee!

> Sie erreichen Zuversicht durch die Einsicht, wer Sie sind und wie Sie ticken.

Wenn Sie unglaublich zuversichtlich wären und die Möglichkeit hätten, Ihr Leben noch einmal ganz neu aufzubauen – was würden Sie tun und was würden Sie anders machen?

Betreten Sie die „Zone Zuversicht"

Wenn Sie wüssten, was und wie ich denke. Wenn Sie nur für einen Augenblick 1:1 mitkriegen könnten, in welcher Intensität ich manchmal denke. Sie wären erschüttert, überrascht und würden mich im ersten Augenblick für verrückt erklären. Wenn Sie aber auf die Resultate dieses Denkens schauen würden, ließen Sie den Hörer, um den Krankenwagen zu rufen, sehr wahrscheinlich wieder sinken. Diesen Zustand wollen Sie nämlich auch gerne haben – und Sie kennen ihn bereits.

Stark, bereit, präsent und voller schöpferischer Energie. Leben, gib mir ein Problem, ich brauche das jetzt. Egal mit welchen Bällen mich das Leben bewirft, ich knalle sie volley zurück. Egal welche Einwände der Kunde bringt, ich nehme sie auseinander. Egal wie schief das Projekt gerade läuft, ich kriege das wieder hin. Solche Zustände kennen Sie doch auch, oder? Natürlich bin ich nicht jeden Tag so drauf, aber dann, wenn es nötig ist. Ich zwinge mich dazu, weil alles andere nicht hilft.

Oft höre ich mich in diesen Augenblicken innerlich schreien: „Ich kann das. Ich schaffe das. Ich habe die Kraft, die alles schafft!" Wenn Sie das in der Lautstärke und in der inneren Stimmlage mitkriegen würden, wären Sie wahrscheinlich schockiert. Ganz zu schweigen von meiner Körpersprache währenddessen. Die macht sogar mir manchmal Angst und ich denke dann: „Okay, jetzt bist du zuversichtlich und voller Energie, es ist Zeit zu handeln."

> Ich bin größer als alle meine Probleme.

Jedoch legitimiert mich meine Fähigkeit, mich weit überdurchschnittlich zuversichtlich und kraftvoll zu stimmen, Bücher wie dieses hier zu schreiben. Auf Bühnen zu stehen und überzeugende Vorträge zu halten. In Seminaren die Zuversicht meiner Teilnehmer zu trainieren.

Das Beste daran ist, dass Sie ganz leicht davon profitieren können. Sie brauchen sich dazu nur zu überlegen, ob die Gedanken „größer als meine Probleme ... ich kann das ... genug Kraft" auch für Sie stimmen. Ob Sie in Ihrer Vergangenheit Beispiele aus dem echten Leben finden, die genau das belegen. Auch wenn „Ich bin größer als alle meine Probleme!" verrückt erscheint, es stimmt! Die Emotion basiert auf Fakten:

Bisher haben Sie alles überlebt und irgendwie bewältigt, was Ihnen das Leben vor die Füße wirft.

Also sind Sie größer als alle Ihre Probleme. Das ist pure Logik, schließlich könnten Sie dieses Buch ja sonst nicht lesen.

Die Strategie dabei besteht darin, dass Sie bereits in einen Zustand von Zuversicht gehen, wenn es noch gar nicht nötig ist. Sorgen Sie dafür, dass Sie grundsätzlich zuversichtlich sind. Nicht in Ausnahmefällen, sondern möglichst immer. Kehren Sie das übliche Verhältnis um und seien Sie nur in seltenen Ausnahmesituationen nicht zuversichtlich. Das ist menschlich und gehört zum Leben dazu, schließlich sind wir keine Maschinen. Auch hier gilt das Prinzip von Ebbe und Flut. Niemand ist immer zuversichtlich. Aber verpflichten Sie sich grundsätzlich dazu, dass alle anderen gar nicht anders können, als Sie als einen zuversichtlichen Menschen zu beschreiben.

Dann sind Sie vorbereitet und haben einen höheren Zuversichtslevel, wenn Sie ihn brauchen. Sie können sich dann gleich auf die Analyse und Problemlösung stürzen, ohne erst noch Ihre Zuversicht aufbauen zu müssen.

Gehen Sie also schon zu Beginn des Tages in die „Zuversichtszone". Treffen Sie oben genannte Entscheidung für Zuversicht und ihr Training jeden Tag neu. Gerade wenn Sie glauben, es ginge auch ohne. Das Leben hält für uns doch immer wieder die ein oder andere unangenehme Überraschung bereit.

Gehen Sie dafür, gleich nachdem Sie die Augen aufgeschlagen haben, in die „Zone Zuversicht". In jedem Fall aber, bevor Sie den Tag beginnen.

Sprechen Sie dafür laut und kräftig Ihr persönliches Motto für Zuversicht. Ich mache das gerne beim Duschen. Besser, als sich schon währenddessen über den Tag den Kopf zu zerbrechen.

Finden Sie es selbst und suchen Sie es weder hier noch bei anderen Menschen. Definieren Sie Ihr eigenes Motto durch Nachdenken. Sobald Sie merken, dass Ihre Seele Flügel kriegt, haben Sie es gefunden. Fangen Sie zuversichtlich an.

Sagen Sie es sich dann nicht nur einmal schüchtern und leise, sondern zehn-, zwanzig- oder dreißigmal laut und stark. Übernehmen Sie so die Verantwortung für Ihre Zuversicht. Wünschen Sie sich, heute optimistisch durch den Tag zu gehen.

Danach tun Sie so, als ob Sie zuversichtlich sind. Ja, das ist Fake und widerspricht vielleicht Ihrer korrekten Natur. Aber gut ist, was funktioniert. Und kommen Sie mir nicht damit, das sei nicht authentisch. Als wären Sie den ganzen Tag authentisch. Andauernd spielen wir Rollen und sagen nicht das, was wir denken. Sie tun den ganzen Tag über so, als wären Sie bei der Entwicklung Ihrer Zuversicht bereits weiter, als Sie sind. Als wäre Optimismus Ihr zweiter Vorname, als könnten Sie gar nicht anders. Überlegen Sie sich dafür, wie Sie aussehen, wenn Sie in einem zuversichtlichen Zustand sind. Wie Sie denken, wie Sie sprechen. Bitte lächeln und ab auf die Bühne. Schon nach ein paar Minuten merken Sie, dass Ihr Zustand nachzieht.

Erst tun Sie nur so und machen einen mentalen, quasi virtuellen, Raum auf. Dann erfüllt Ihre wirkliche Zuversicht diesen Raum. So funktioniert es.

Natürlich werden Sie nicht immer in diesem Zustand bleiben. Sie hören nervige Aussagen anderer Leute, erhalten eine frustrierende Nachricht oder werden ganz ohne äußere Reize aus Ihrer „Zone Zuversicht" geworfen, alleine durch Ihr problemorientiertes Denken. Deswegen besorgen Sie sich den ein oder anderen Anker, der Sie an die Bedeutung der Zuversicht erinnert. Das kann eine Postkarte sein, ein Stein oder ein Aufkleber auf dem Cover Ihres Smartphones. Hintergrundbildschirme für Ihr Smartphone finden Sie übrigens gratis, wenn Sie den Link http://www.christian-bremer/sperrbildschirme.de eingeben. Sorgen Sie immer dafür, dass Sie mehrfach am Tag durch diese Anker an Ihr Versprechen, zuversichtlich zu sein, erinnert werden. Anders geht es nicht.

Umgeben Sie sich ganz bewusst mit Menschen, die bereits so denken, wie Sie zu denken lernen wollen. Natürlich können Sie nicht alle Schwarzseher eliminieren und des Meetingraums verweisen. Manche Menschen, die Sie mit ihren immer gleichen pessimistischen Denk- und Sprechweisen aus Ihrer „Zone Zuversicht" bringen, werden Sie einfach dulden müssen. Sehen Sie das konstruktiv: Sie können mit solchen Leuten optimal üben, im möglichst guten Zustand zu bleiben. Doch als Ausgleich versuchen Sie, ganz gezielt mit Menschen Zeit zu verbringen, die bereits weiter sind als Sie. Die schon den Optimismus leben, den Sie anstreben. Zwar können Sie sich nicht immer aussuchen, mit wem Sie zusammenarbeiten. Mit wem Sie mittags essen aber schon.

Nachdem Sie so einen Tag mit Höhen und Tiefen Ihrer Zuversicht erlebt haben, ist es abends an der Zeit, sich zu lieben und zu loben. Jeden Abend nehmen Sie sich ein paar Minuten Zeit, vielleicht beim Einschlafen oder beim Zähneputzen, das Prinzip „Eigenlob duftet" zu leben. Lassen Sie dafür Ihren Tag Revue passieren und suchen Sie ganz bewusst die Situationen, in denen es Ihnen gelungen ist, stark genug für Zuversicht zu sein.

Nichts fällt vom Himmel, weder Meister noch konstruktive Sichtweisen. Wie alles im Leben will auch Zuversicht verdient sein. Es reicht auch nicht aus, zuversichtlich sein zu wollen. Sie müssen die hier beschriebenen Schritte gehen. An der Stelle bin ich sachbedingt dogmatisch.

Machen Sie sich stark dafür. Lassen Sie andere, wie sie sind. Wenn andere meinen, sie wüssten genug, um pessimistisch zu sein, lassen Sie die in dem Glauben. Wir aber sind uns bewusst:

5.
Dankbarkeit

Glück gehabt – Sie leben!

Viele Jahre ging es mir wie dem kleinen Jungen in dem Film „The Sixth Sense". Nur dass ich nicht überall Tote gesehen habe, sondern die Fehler meiner Eltern. Das klang ungefähr so: „Hätten sie mir beigebracht, unternehmerisch zu denken, hätte ich es heute viel einfacher. Hätten sie mich wegen meiner undeutlichen Sprache konsequent zum Logopäden geschickt, hätte ich daran nicht so lange arbeiten müssen. Wäre meine Mutter nicht so hektisch, würde ich heute unter meiner Hektik nicht so leiden. Hätte mein Vater mehr von sich gesprochen, hätte ich es nicht so schmerzhaft lernen müssen." Es ist mir mittlerweile nicht mehr peinlich, zu diesen alten Denkmustern zu stehen, das war es aber lange Zeit.

Zum Glück ging mir eines Tages auf, wie ätzend solche undankbaren und abwertenden Gedanken sind. Für mich, meine Eltern und die Beziehung zu ihnen.

Natürlich haben sie nicht alles richtig gemacht. Natürlich würden sie jetzt im Rückblick ein paar Dinge anders machen – zum Beispiel weniger meiner angeblichen Frechheiten (Beweise für diese konnten sie nicht liefern) durchgehen lassen. Aber wieder ernsthaft zum Kern des Ganzen:

Sobald ich meine Perspektive geändert habe und meine Kindheit und Zeit als Jugendlicher von einem Standpunkt der Dankbarkeit aus betrachte, relativierte ich die Vorwürfe

> Undankbarkeit verhindert nicht nur echten Erfolg, sondern auch ein Leben in tiefem Glück und großer Fülle.

und habe eine glückliche Kindheit. Jedes Jahr vier Wochen Italienurlaub, nie geschlagen worden und stets volle Unterstützung, emotional wie finanziell. Und das sind nur drei Beispiele eines Briefes der echten Dankbarkeit, den ich meinen Eltern vor ein paar Jahren aus einem Seminar in der Schweiz geschrieben habe. Von allein macht man das ja oft nicht und braucht dann schon mal einen Impuls durch andere.

Wir leben im Luxus und haben bei Stress, Sorge und Druck oft nur Champagner-Probleme.

So nenne ich Probleme, die nicht mein Überleben beeinträchtigen. Also 99 Prozent meiner „Probleme". Eine defekte Lichtmaschine am Auto, ein schwacher Akku des Smartphones aus Kalifornien respektive China oder zwei grüne Kartoffeln im Netz – alles reine Champagner-Probleme. Genauso wie der eventuell korkige Champagner. Alles kein Grund zur Aufregung. Alles nichts, was mich in meiner Gesundheit beeinflusst. Alles überstehbar. Lösbar. Nichts, was mich umbringt. Und oft auch noch irrelevant – vom richtigen Standpunkt aus betrachtet. Und der lautet ganz oft Dankbarkeit. Dankbar kann ich dafür sein, Auto sowie Smartphone zu haben und für die ganzen anderen Kartoffeln im Netz, die nicht grün sind.

Meine Schwiegermutter hat an Ihrem 80. Geburtstag einiges aus dem Krieg erzählt, den sie in ihrer Heimat im Kreis Nordhorn an der Grenze zu den Niederlanden verbracht hat. Unter anderem wusste sie zu berichten, dass sie eine Stunde zu Fuß zur Schule gegangen ist, und als sie kaum dort angekommen war, der Fliegeralarm sie fünf Stunden im Bunker hat ausharren lassen. Danach ging es, ohne eine einzige Stunde Schule und etwas zu essen, unverrichteter Dinge wieder heim. Im Winter, bei Schnee und Eis.

Keiner hat sie im 100.00,00 Euro teuren SUV zur Schule gebracht. Denn man hat mit vereinten Kräften versucht, die Familie dank eines Bauernhofs durchzubringen.

Jedes Wochenende konnte sie dort immer die gleiche Szene erleben, die mich als Kind des Ruhrgebiets bis heute berührt: Ein Zug fährt in den kleinen Bahnhof ein und es steigen 50 bis 100 ausgemergelte Männer in zerschlissener Kleidung aus. Wobei Lumpen wohl das bessere Wort wäre. Sie trotten zu den umliegenden Feldern und sammeln die grünen Kartoffeln ein, die bei der Ernte liegen gelassen wurden. Danach fahren sie wieder nach Dortmund, Essen und Bochum, wo es nichts mehr zu essen gab.

Und wir sind genervt, wenn wir mal zwei grüne Kartoffeln im Netz haben oder an der Supermarktkasse drei Minute warten müssen? Das ist nicht nur undankbar, sondern grenzt an Geschmacklosigkeit und Überheblichkeit. Allein schon deshalb, weil augenblicklich mehr als 600 Millionen Menschen auf der Welt keinen Zugang zu frischem Trinkwasser haben, so Zahlen der WHO.

Wie hoch schätzen Sie die Wahrscheinlichkeit ein, dass es Sie jetzt und an diesem Ort gibt? Dass Sie in dieser Zeit und in Ihrem Land leben? Eine auf den ersten Blick vielleicht etwas verwirrende Frage. Aber Verwirrung kann eine gute Grundlage für Neues sein. Neue Dankbarkeit, zum Beispiel. Also: Wie wahrscheinlich ist es, dass es Sie heute gibt? Dass Sie auf dieser Welt zu diesem Zeitpunkt an Ihrem Wohnort leben können? Das wissen Sie nicht?

> Dankbarkeit ist die sichere Abkürzung zur Gelassenheit.

Sollten Sie aber, denn es ist unheimlich wichtig. Die Wahrscheinlichkeit, dass es Sie gibt, ist viel geringer, als dass Sie es nicht gibt. Es dürfte Sie also eigentlich gar nicht geben, die Zahlen sprechen gegen Sie. Sie haben Glück gehabt, pures Glück. Außer Sie glauben daran, absichtlich durch höhere Fügung in Ihr Leben gesetzt worden zu sein.

Aber dann kann ich Ihnen auch nicht helfen. Denn dann ist ja alles vorherbestimmt und Sie können nichts ändern.

Die Wahrscheinlichkeit, dass Sie geboren werden, beschreiben Mathematiker mit diesem Vergleich: Stellen Sie sich vor, 8 Millionen Menschen sitzen an einem Tisch und würfeln gleichzeitig mit einem Würfel, der 30 Millionen Seiten hat. Die Wahrscheinlichkeit, dass es Sie in der jetzigen Form gibt, ist genauso groß wie die Wahrscheinlichkeit, dass alle 8 Millionen dieselbe Zahl der 30 Millionen möglichen Seiten würfeln.

Für mich ist dieses Ergebnis unvorstellbar gering. Ich habe pures Glück gehabt, nicht nur geboren worden zu sein, sondern dann auch noch in diesen Luxus hineingeboren worden zu sein. Dieses Glück mache ich mir jeden Morgen bewusst.

Warum? Weil ich so unendlich dankbar sein kann – schließlich hätte ich auch gar nicht geboren werden können. Oder ich käme als Baum, Rhinozeros, Ente oder Hamster auf die Welt.

Das mag alles okay sein, aber die jeweiligen Möglichkeiten wären deutlich eingeschränkter als jetzt.

Wechseln Sie mal das Land oder den Job als Baum. Schwierig. Ich habe als Mensch in Europa den nicht groß genug zu beschreibenden Vorteil, dass ich nicht nur keine Überlebensängste haben muss, sondern zugleich auch maximale Freiheiten und Optionen, mein Leben in die Hand zu nehmen und zu gestalten.

Wenn ich diese Perspektive in meinen Seminaren erzähle, gibt es von ganz erschöpften Menschen oft die Reaktion: „Wenn ich eine Ente wäre, hätte ich es aber einfacher." Ich wende mich der Person dann zu, mache eine Pause und sage: „Erstens sind Sie keine Ente, zweitens wissen Sie nicht, wie die Ente das sieht, und drittens, das Wichtigste, treten Sie mit dieser Haltung Ihre eigenen Möglichkeiten mit Füßen. Und Sie treten Ihre Freiheit mit Füßen. Sie werfen einen Schatz aus dem Fenster, weil sie ihn für Müll halten."

Meiner Ansicht nach können wir alle dankbar sein, keine Enten zu sein, und die Vorzüge des Menschseins genießen. Ein Leben als Mensch mag komplexer als das einer Ente sein, aber das bringen Wahlmöglichkeiten und Denkvermögen nun mal mit sich.

Trainiere deinen Dankbarkeitsmuskel

Wir kümmern uns um Effizienzsteigerung, Selbstoptimierung und maximale Kundenorientierung. Gut so, bitte weitermachen. Allerdings fehlt da etwas ganz Entscheidendes, damit aus diesen erstrebenswerten Themen etwas gesundes Ganzes wird. Es fehlt das Bewusstsein und die Dankbarkeit für die Grundlage all dessen. Die Grundlage ist das Leben in uns, die Energie, die überhaupt erst ermöglicht, dass wir uns um die Themen kümmern können.

Ohne Herzschlag, Kreislauf, Verdauung, Atmung, ohne die ständige Generierung neuer Körperzellen, ohne die Fähigkeit unseres Gehirns, zu lernen und sich Dinge und Zusammenhänge zu merken, wäre es um die Steigerung von Umsatz, Ertrag, Marktanteil und Qualität von Produkt und Service geschehen. Alles das wäre völlig undenkbar, wenn wir nicht atmen könnten, weil wir ohne Atmung nicht sprechen könnten, die Grundvoraussetzung für all das. Wie wollen Sie, ohne zu atmen und zu sprechen, auch nur einen einzigen Menschen von Ihren Ideen überzeugen?

Meiner Meinung nach ist es eine große Schwäche unserer Gesellschaft, dass wir das Wichtigste als selbstverständlich hinnehmen und es daher nicht mehr bewusst und in Dankbarkeit wahrnehmen.

Das Dumme dabei: Wir können nur dankbar für etwas sein, von dem wir wissen, dass wir es haben. Als Kind staunen wir noch über die Fähigkeiten unseres Körpers und probieren unser Leben aus, doch das ebbt beim Erwachsenwerden deutlich ab, bis es einen Nullpunkt erreicht. Wir sind nicht mehr dankbar, aufzuwachen, am Leben zu sein, und nutzen die Chancen viel zu wenig, die all das bietet.

Das hat einen ganz einfachen Grund. Zum Glück, denn sonst wäre es ja schwer, sich jeden Morgen mit Dankbarkeit zu fluten. Der Grund: Wir haben es nicht gelernt.

Wie auch? Die Menschen, die uns erziehen, also größtenteils Eltern und Lehrer, sind ja selber nicht für ihr Leben dankbar.

Im Gegenteil! Haben Sie mal Lehrer in ihrer Freizeit über ihren Beruf und die Schüler sprechen hören? Nicht umsonst führen Lehrer die Burnout-Rate seit Jahren an.

Bringen Sie es sich also selber bei, andere scheinen das bisher nicht geschafft zu haben. Erkennen Sie bei sich selbst, wie undankbar Sie oft gegenüber den unterschiedlichsten Facetten Ihrer Lebensbedingungen sind. Das ist kein Grund, sich schlecht zu fühlen. Sondern es ist ein Grund, ein Feuerwerk zu zünden. Denn Einsicht ist der erste Weg zur Besserung.

> Die meisten Menschen leben im deutschsprachigen Raum in Saus und Braus, ohne sich dessen bewusst und dankbar zu sein.

Diese Undankbarkeit basiert auf einer ungesunden und für mich oft kaum zu ertragenden Mischung aus Dummheit, Frevel und Überheblichkeit.

Das ist ungefähr so, wie ein Leben lang in Armut lebender Mann, der sich sehnlichst wünscht, reich zu sein. Der immer sagt: „Ich wäre glücklich, wenn ich nur reicht wäre!" Nachdem er gestorben ist, entdecken seine Kinder im Keller kiloweise Gold im Wert von 3 Millionen Euro. Er war von seinem Film „Ich bin ein armer Mann" so frustriert, dass er gar nicht sehen konnte, welche Werte ihn bereits umgaben.

Vor diesem Hintergrund stellt sich nun natürlich die Frage, wie wir mit Dankbarkeit ein erfüllteres Leben führen können.

> Wenn ich morgens aufwache, fasse ich mir meistens erst mal ans Handgelenk und spüre meinen Puls.

Nicht, weil ich Hypochonder bin oder am Vorabend zu viel getrunken habe, sondern aus einem ganz anderen ernsthaften, aber auch heiterem Grund. Es ist faszinierend, dass mein Herz schlägt. Einfach so, ohne dass ich extra irgendetwas dafür tun muss. Also essen, trinken und atmen sollte ich schon, aber es schlägt von ganz allein. Stellen Sie sich mal vor, Ihr Herz würde nur auf ausdrückliche Anforderung schlagen. Sie müssten dann Ihr Herz jedes Mal bitten oder ihm den Befehl geben, zu schlagen. Wie anstrengend! Und gar nicht auszudenken, was passiert, wenn Sie es mal vergessen. Ende. Licht aus. Das war es dann!

Ich bin mir jetzt fast sicher, ohne Sie zu kennen, dass Sie denken: „Aber das ist doch normal!" NEIN! Ist es nicht. Es ist faszinierend, bewegend und auf gewisse Weise göttlich, dass wir so am Leben sind.

Nur weil es bei uns Menschen normal zu sein scheint, ist es eigentlich ein Grund, bereits morgens zu jubeln, aus dem Bett zu springen und einen Freudentanz aufzuführen. Je nach Partner und Uhrzeit mag seine oder ihre Reaktion zwar Ihr Leben beenden, dann waren Sie aber immerhin einmal wirklich dankbar.

Woher mein Leben kommt, vermag ich nicht sicher zu sagen. Das bleibt wohl noch lange ein Mysterium. Darüber denke ich auch kaum nach. Aber eines kann ich recht objektiv feststellen, ohne an irgendwas glauben zu müssen: Ich bin am Leben. Ich bekomme von irgendwoher ein Leben geschenkt. Einen Tag geschenkt. Was für ein Fest!

Egal woher ich den Tag bekommen habe, ob durch Zufall, als Ergebnis des Urknalls oder von einem wie auch immer aussehendem Gott: Ich kann mich dafür bedanken, einen weiteren Tag geschenkt zu bekommen. Wie? Indem ich aus dem Tag das Beste mache, was mir möglich ist. Eine gute, wenn nicht gar die beste Möglichkeit dafür besteht darin, dankbar zu sein. Probieren Sie diese Sichtweise mal aus.

Wenn Sie morgen früh aufwachen und der Denkapparat Gedanken wie „Oh nein, heute muss ich zur Arbeit gehen, dann ist auch noch der Kollege aus Indien den ganzen Tag da und abends auch noch zur Elternpflegschaft" vorschlägt, dann halten Sie einen Moment inne und fühlen Ihren Puls. Spüren Sie, wie Ihr Herz schlägt. Öffnen Sie sich dem Universum und seien Sie dankbar, dass Sie einen Tag geschenkt bekommen haben, aus dem Sie nach Leibeskräften und in Lockerheit ein Meisterwerk machen können.

Wie wäre es denn beispielsweise mit: „Oh ja, heute ist ein Anlass **Dankbarkeit ändert alles.** zu Dankbarkeit und Vorfreude, denn ich darf und kann zur Arbeit gehen (andere suchen Arbeit), ein Kollege aus Indien ist den ganzen Tag da (welch herrliche Abwechslung und große Chance, Neues zu lernen) und abends geht es zur Elternpflegschaft (wo ich informiert werde und etwas Einfluss nehmen kann)."

Der zentrale Punkt dabei, ob Sie einen guten oder schlechten Tag haben werden, ist Ihre folgende Erkenntnis: Den Tag erleben Sie sowieso, er ist ja geplant. Denn sie werden mit den Situationen, Menschen, Aufgaben und Terminen konfrontiert, weil Sie sich für alles das einmal entschieden haben. Die Frage ist nur, in welchem Zustand Sie das erleben. Glücklich und gelassen oder gestresst und genervt? Wenn Ihre Dankbarkeit so klein ist wie eine Strohhütte, machen Sie sie lieber so groß wie einen riesigen Wolkenkratzer, dessen obere Etagen Sie gar nicht mehr sehen können.

Denn für ein aufgrund tiefer Dankbarkeit erfülltes Leben haben Sie nur eine Chance. Aber das scheinen die meisten Menschen noch nicht begriffen zu haben.

Weil mein Cousin mich fast nie anruft, war ich schon überrascht, als mein Telefon klingelte und seine Nummer anzeigte. Es gab zwei Nachrichten. Erstens: Er will heiraten, wie schön! Zweitens: Er will den Namen seiner Frau annehmen. Für mich irrelevant, für seinen Vater aber nicht. Denn der ging „richtig steil". Obwohl er ein sehr lieber, freundlicher, herzensguter und von mir sehr geschätzter Mensch ist, ließ er sich tatsächlich zu der folgenden Aussage hinreißen: „Wenn du das machst, spreche ich nicht mehr mit dir!" Hat er auch einige Wochen konsequent gemacht. Wie das bei meinem Cousin und seiner Zukünftigen ankam, können Sie sich vorstellen. Da macht Heiraten doch gleich doppelt so viel Spaß. Mein Onkel hat wirklich lange gebraucht, um sich wieder zu fangen und die ganze Aktion nicht mehr als Beleidigung seiner Familie und des Familiennamens zu sehen. Doch als er alles von einem Standpunkt tiefer Dankbarkeit betrachten konnte, war jede Wut, jeder Frust und jeder Vorwurf vom Winde verweht. Plötzlich erschien ihm alles in anderem Licht. Sein Sohn hat die richtige Frau gefunden, beide sind glücklich und Nachwuchs gab es auch, so dass er noch Opa wurde.

> Manchmal ist es schwer, wirklich dankbar zu sein. Aber es hilft, glücklich zu sein.

Das Wichtigste wird oft übersehen

Das Telefonklingeln und den darauffolgenden Moment werde ich nie vergessen. Eine Grippe hatte mich ungewöhnlich stark und lang erwischt. Nach einigen Tagen der Geduld wurde ich so langsam genervt und fing innerlich an zu jammern. „Wieso gerade jetzt? Warum ich?" – und so weiter und so fort. Als das Telefon ging, raffte ich mich auf und war froh, einem langjährigen Freund mein Leid klagen zu können.

„Christian, wie geht's?" „Schön, dass du fragst, es geht mir nämlich schlecht! Grippe, 38 Grad Fieber, ich kann vor Kopfschmerzen weder lesen noch fernsehen, es wird so langsam langweilig! Und wie geht es dir?" „Schlecht, ich komme gerade mit einer Krebsdiagnose vom Arzt. Unheilbar, sie geben mir noch maximal ein halbes Jahr." Pause. Stille. Meine Welt stand still. Krebs? Einer meiner liebsten Freunde?

In diesem Augenblick war mir meine Grippe egal. Fieber, Schwitzattacken und Kopfschmerzen waren wie weggeflogen und ich war geschockt.

Tatsächlich starb er nach langer Qual und tapferem Kampf. In meiner Traurigkeit schwor ich mir drei Dinge, die ich bis heute jeden Tag im Herzen trage und in den Alltag bringe:

Sei dankbar.

Sei dankbar.

Sei dankbar.

Wahrscheinlich braucht es für die meisten Menschen einen solchen emotionalen Weckruf, der durch Mark und Bein geht. Wann immer ich auf Menschen treffe, die ihr Leben in ähnlich bewegender, aus tiefstem Herzen kommender Dankbarkeit führen, spreche ich das an und erfahre den Grund für deren Haltung. Meistens sind es ähnliche Begegnungen und Situationen, welche sie aufgerüttelt haben.

Vielleicht haben Sie ja auch schon solche Momente erlebt, schließlich passieren solche Dinge im Leben. Nur können wir so etwas nicht bewusst planen, es erwischt uns kalt und zieht uns dann die Beine weg. Dennoch möchte ich Ihnen einige Hinweise geben und Sie zum Ausprobieren einladen, um noch mehr Dankbarkeit in Ihr Leben zu lassen.

Außerdem helfen die folgenden Hinweise dabei, das Prinzip Dankbarkeit jeden Tag aufs Neue mit Leben zu füllen und es auf keinen Fall zu vergessen.

Stellen Sie sich einen großen Raum vor, in dem alle Menschen versammelt sind, die Sie mögen und die Ihnen besonders am Herzen liegen. Freunde, Teile der Familie, gute Kollegen, aber auch Personen aus Ihrer Vergangenheit. Vielleicht ehemalige Nachbarn, der ein oder andere Lehrer oder auch Freunde aus der Schulzeit. Nun gehen Sie langsam durch einen Mittelgang nach vorne und haben dabei immer wieder Blickkontakt mit den lieben Menschen, die rechts und links vom Mittelgang stehen. Am Ende des Raumes angekommen, sehen Sie eine Kiste. In der Kiste sind Sie. Tot.

Was sollen die Menschen im Raum über Sie sagen, wenn Sie gleich für immer verabschiedet werden? Schreiben Sie es sich jetzt auf. Nehmen Sie sich die Zeit. Egal was Ihnen in den Kopf kommt, schreiben Sie es auf. Spontan, ungeordnet und von Herzen. Unzensiert. Direkt und unmittelbar.

Was sollen die Menschen im Raum über Sie auf gar keinen Fall sagen? Schreiben Sie sich auch das auf.

Diese mentale Übung ist eine der wertvollsten, die ich kenne. Denn sie zeigt uns auf, was uns im Leben wirklich wichtig ist. Sie werden sich wohl kaum wünschen, dass Sie stets das neueste iPhone hatten, immer die neueste Kollektion von Strenesse trugen oder Karriere auf Kosten Ihrer Kinder und der eigenen Gesundheit gemacht haben. Wenn doch, ist das natürlich okay, aber sehr ungewöhnlich.

Denn unser Herz, meiner Erfahrung nach die Quelle wahrer Weisheit, sagt uns meistens anderes. Etwas Einfaches, Menschliches, Banales im Vergleich zu dem, was die meisten Menschen anstreben.

Zeit mit Freunden, Gesundheit, schöne Erlebnisse oder einfach die ein oder andere glückliche Stunde allein mit sich.

Vielleicht sind Sie ja meinem Rat gefolgt und haben sich aufgeschrieben, was Ihre Liebsten über Sie sagen sollen.

Wenn ich solche und ähnliche Übungen in meinen Intensivseminaren durchführe, sind die Ergebnisse jedenfalls verblüffend ähnlich. Nicht nur in der Gruppe selbst, sondern auch gruppenübergreifend.

Ehrlichkeit, Freundlichkeit, Ausgeglichenheit, Gesundheit, mutig Chancen ergreifen, Bescheidenheit, für sich und andere zu sorgen, diese Aspekte führen die Liste an.

Und jetzt habe ich eine Frage an Sie: Sind die genannten Punkte bereits in Ihrem Leben enthalten oder zumindest in Reichweite? Haben Sie die konkrete Möglichkeit, sie zu erreichen und der oder die zu werden, die Sie sein wollen? Ich vermute: In allen Fragen lautet die Antwort: „Ja!"

Das ist meiner Ansicht nach ein guter Grund, dankbar zu sein. Jeden Morgen aufs Neue. Das Leben winkt Ihnen freundlich zu, ergreifen Sie die Gelegenheit.

Es kommt nicht zu Ihnen, Sie müssen auf das Leben zu zugehen.

> Das Leben wartet auf Sie, gehen Sie hin.

Führen Sie Ihren Tag im Bewusstsein, in Fülle zu leben und unendlich viele Möglichkeiten zu haben, so zu leben, wie es Ihnen wichtig ist. Sie können so dankbar sein!

So gewinnt das morgendliche Aufwachen gleich eine zusätzliche Bedeutung.

Aber es ist mir noch wichtig, Ihnen Inspiration und Lösung für eine weitere Situation zu geben, die trotz des morgendlichen Aufrüttelns immer wieder vorkommt. Sie können sich noch so sehr morgens auf Dankbarkeit eingeschossen haben, der Alltag hält Widrigkeiten für Sie bereit, in denen Sie schnell in einen Zustand maximaler Undankbarkeit geraten. Dann sind Sie frustriert, schlecht gelaunt und gestresst. Ohne es zu wollen, versteht sich. Aber unsere mangelnde Konditionierung auf Dankbarkeit zeigt sich dann.

Wenn Sie jemanden per E-Mail um eine Information bitten und er nicht antwortet, kann das nerven. Wenn Sie nach Hause kommen und die Küche sieht wieder mal schrecklich aus, kann Sie das wütend machen. Wenn Sie, im lang ersehnten Urlaub im Hotel angekommen, denken „Das sah aber auf den Fotos ganz anders aus" und Ihre schlimmsten Befürchtungen beim ersten Eindruck wahr werden, ist es höchste Zeit, das „Besser als" – oder „Wie gut, dass …" – Denken anzuwenden. Und zwar nicht zaghaft, sondern voller Entschlossenheit.

Diese Denkmuster helfen Ihnen dabei, sich aus dem ersten Frust herauszuholen und sich selbst über Dankbarkeit wieder handlungsfähig zu machen. Auch (Un-)Dankbarkeit basiert auf Denken:

Seien Sie mal undankbar, ohne zu denken. Es geht nicht. Allerdings ist diese Voraussetzung auch gleichzeitig unsere Chance, aus frustrierender und schwächender Undankbarkeit lieber erfüllende und Kraft gebende Dankbarkeit werden zu lassen. Wie gewohnt ist es einfach, Sie müssen es nur tun.

Besser nur einen unzuverlässigen Kollegen zu haben, *als* wenn alle so wären. *Wie gut, dass* Sie den Kollegen anrufen können um zu erfragen, wann er Ihnen die Info geben kann.

Besser eine schmutzige Küche haben *als* ein Leben lang alleine sein. *Wie gut, dass Sie* genug zu essen haben und die Küchenkünstler bitten können, die Spuren zu beseitigen. *Besser* ein enttäuschendes Hotel *als* die Reise krankheitsbedingt nicht antreten zu können. *Wie gut, dass* Sie im Urlaub tagsüber unterwegs sind und das Zimmer nur nachts brauchen.

Vielleicht haben Sie das Buch jetzt gerade entnervt sinken lassen und dabei gedacht: „Aber so denkt doch kaum jemand!"

Stimmt, denn kaum jemand ist ja auch glücklich und kaum jemand hat dieses neue Denken trainiert. Weil es kaum jemand gelernt hat. Und kaum jemand weiß davon.

Sie aber schon. Seitdem Sie diese Zeilen hier gelesen haben. Entscheiden Sie sich jetzt, ob Sie so weitermachen wollen wie bisher oder ob Sie sich und Ihr Leben noch besser werden lassen wollen. Wie es geht, wissen Sie jetzt, Sie müssen es nur wollen!

Seien Sie ehrlich und sehen Sie Ihr Potenzial, Ihre Flexibilität und Ihre Möglichkeit, Ihr Denken zu ändern und alles aus der Perspektive der Dankbarkeit zu betrachten.

Sonst nichts. Übrigens gilt auch hier gilt die Schrotflintenidee aus Teil 6. Niemand zwingt Sie, die objektiven Umstände als Resultat Ihrer Undankbarkeit negativ zu bewerten. Aber Sie können sich so lange zwingen, dieses neue Denken zu trainieren, bis es zur Gewohnheit geworden ist und ohne Aufwand funktioniert.

> Das Einzige, was Sie davon abhält, dankbar zu sein, ist Ihr Ego.

6.
Fokus

Wer seinen Fokus lenkt, lenkt sein Glück

Auf dem Rückflug von Los Angeles nach Frankfurt befanden wir uns erst 20 Minuten in der Luft, als die nervös klingende Stewardess mit der Durchsage „Ist ein Arzt an Bord?" meine Frau von ihrer Flugangst heilte. Besser gesagt: von ihrer schrecklichen Flugangst heilte.

Denn bis zu diesen Worten war ihr schlecht und Horrorfantasien beherrschten ihren Verstand. Ihre rechte Hand verbog die Armlehne, ihre linke grub sich in meinen Oberschenkelknochen. Doch der Augenblick, als sie die Durchsage hörte, hat ihr die Flugangst genommen. Ich werde nie vergessen, wie sie in aller Seelenruhe ihren Gurt löste (der vorher mindestens 50 Mal auf seinen korrekten Sitz geprüft wurde), sie aufstand (was vorher aufgrund der tatsächlich schlotternden Knie unmöglich gewesen wäre) und nach vorne ging, um ein Menschenleben zu retten. Denn zum Glück für den Passagier mit Kreislaufkollaps ist sie eine routinierte Ärztin und hat viele Nächte in Notaufnahmen verbracht. Da wissen Sie, was zu tun ist: Beine hoch, ein paarmal ins Gesicht schlagen und alle Infusionen in den Mann hineinpumpen, die so an Bord sind. Würden die Sicherheitsvorschriften es nicht verhindern, hätte ich ab sofort immer meine eigenen Fusionen dabei.

Die Aktion hat tatsächlich zwei Stunden gedauert, doch leider konnte ich mich an dem in dieser Zeit größerem Platz nicht erfreuen, denn ich war total fasziniert. Hätten Sie diesen Wechsel nur miterleben können! Zu beobachten, wie aufgrund einer Änderung des eigenen Fokus eine Änderung des persönlichen Zustandes erreicht wurde, begeistert mich bis heute. Obwohl ich der Stewardess am Ende der Aktion vorgeschlagen habe, dass Dankbarkeit ein wichtiger Teil vom Lebensglück wäre und daher jetzt doch ein Upgrade in die First eine gute Idee wäre, gab es nur einen Gutschein für eine Cola. Immerhin.

Nun hatte ich ja im Emergency Room auf acht Kilometern über der Erde ausreichend Zeit, mir über die Situation den ein oder anderen Gedanken zu machen. Was genau ist hier passiert? Wird die Flugangst wieder beginnen, wenn die Aktion vorbei ist? Ermöglicht ihr diese Erfahrung auch beim nächsten Flug noch eine Reduzierung ihrer Flugangst? Wird sie merken, dass ich diese Statisten bezahlt habe und alles ein Experiment für dieses Buch war? Erhalten wir ein Upgrade in die First?

Die letzten drei Fragen lassen sich schnell mit „Nein, sie schlief nach der Aktion bis zur Landung durch", „Ja, sie fliegt jetzt nicht mehr ganz so ungern", „Nein, aber sie hat mich das ernsthaft gefragt" und „Nein, leider nicht" beantworten. Doch wie war es möglich, dass sich ein Zustand von besitzergreifender Flugangst in professionelles Lebenretten so schnell verändert?

Ich habe Ihnen diese Geschichte natürlich nicht einfach so erzählt. Stellen Sie sich mal vor, was für einen positiven Effekt es hätte, wenn Sie einen geheimen Schalter für eine solche Verwandlung hätten. Wie groß wäre Ihr Vorteil, wenn Sie Ihren Zustand erkennen und verändern könnten? Sie haben vor einer wichtigen Situation Angst, drücken auf einen mentalen Knopf und sind total cool.

Die gute Nachricht: Es geht, indem Sie Ihren Fokus erkennen und verschieben.

> **Fokus ist nichts anderes als der Ort ihrer Aufmerksamkeit.**

Kommen zwei Ampeln direkt nacheinander, die erste ist rot, die zweite ist grün und Sie achten vorausschauenderweise nur auf die zweite Ampel, kann Ihr Fokus Sie Ihren Führerschein oder Kotflügel kosten. Dem Fußballer Marco Reus wäre beides wahrscheinlich egal, Ihnen aber nicht. Bis zur Durchsage war meine Frau mit ihrem Fokus wo? In der Zukunft. Nirgendwo sonst. Sie sah uns abstürzen, schreien, hilflos und ohne Kontrolle über die Situation, den sicheren Tod vor Augen. Doch das ist alles nicht in Wirklichkeit passiert, sondern ihre Fantasie erfindet diese Horrorbilder von der Zukunft und ihr Fokus klebt an ihnen. Sie war auf ein mögliches Szenario fokussiert.

Doch mit der Durchsage „Ist ein Arzt an Bord?" hat sich ihr Fokus automatisch vom Angstszenario auf die konkrete Situation in der Gegenwart verschoben. Merken Sie sich dieses Phänomen:

Lange Jahre habe ich mich über unfreundliche Bäckereifachverkäuferinnen im ganzen deutschsprachigen Raum geärgert.

Ihr Fokus bestimmt Ihren Zustand mehr als die Wirklichkeit.

Im Ausland traue ich mich das irgendwie nicht, auch wenn ich recht elaboriert auf Englisch fluchen kann. Mein Fokus war dann immer auf deren Langsamkeit, Unfreundlichkeit und den oft katastrophalen Hygienevorstellungen.

Ist Ihnen mal aufgefallen, dass die jetzt oft an einer Hand Handschuhe tragen, mit derselben Hand aber auch in die Kasse greifen? Was ist das denn für ein Unsinn. Die wollen uns doch veräppeln. Nun, ich kann diese persönlich durchaus herausfordernde Situation mittlerweile mit einem ehrlichen Lächeln, keinem Haifischgrinsen, bewältigen. Wie? Indem ich gelernt habe, meinen Fokus zu lenken. Denn ich habe verstanden, dass ich keine Freundlichkeit, sondern Brötchen brauche.

Ein Ehepaar streitet sich lautstark in der Küche, als aus dem Kinderzimmer ein markerschütterndes Geschrei dringt. Sofort brechen sie ihren Streit ab und beide rennen zum Kind. Warum? Weil der Fokus vom Streitthema zur Gesundheit des Kindes wandert und die Situation komplett verändert.

Wenn Sie in einem Ihnen unbekannten dunklen Raum sind und diesen mit einer Taschenlampe erkunden, so wandert Ihr Fokus sinnvollerweise dorthin, wo der Lichtstrahl den Raum erleuchtet.

Apropos Erleuchtung: Nachdem Sie nun eine erste Idee davon haben, wie wichtig und lebensverändernd Ihr Fokus ist, erfahren Sie jetzt, welche Rolle er in Ihrem Stress spielt und wie Sie ihn nutzen können, um lockerer im Umgang mit den manchmal ätzenden Aktionen des Lebens werden.

Wo ist Ihr Fokus im Stress?

Als damals die Freundin meines besten Freundes mit ihm Schluss gemacht hat, war das meiner Meinung nach für ihn eine Chance. Denn er hatte nun die Möglichkeit, eine Frau zu finden, die zu ihm passt. Da lag mein Fokus. Doch sein Fokus war über Wochen ein ganz anderer. Er sah sich bereits lebenslang als unglücklicher Single. Sein Fokus war nicht auf der Chance, sondern auf dem Problem.

Damit musste es ihm natürlich schlecht gehen. Er katapultierte sich damit für lange Zeit in einen Zustand, in dem sich sicherlich keine Frau für ihn interessieren würde. Und eine mit einem krankhaft ausgeprägten Helfersyndrom wollte er auch nicht.

Egal was uns im Leben passiert, nach einer ersten, programmierten und zutiefst menschlichen Schockphase haben wir wieder eine Wahl.

Auf das Problem oder auf die Lösung. Auf die Hürde oder die Chance. Auf die Fülle oder den Mangel.

> Wir haben die Wahl, wohin wir unseren Fokus lenken.

Leider beobachte ich viel zu oft, dass erwachsene Menschen es nicht hinkriegen, ihren Fokus zu lenken. Dabei ist es doch ganz einfach. Sie brauchen es nur zu wollen und die Hinweise im kommenden Kapitel zu beherzigen.

Allerdings scheint es mir so zu sein, dass 99 Prozent der Menschen lieber leiden, sich als passives oder gar ohnmächti-

> Wer seinen Fokus lenkt, lenkt sein Glück.

ges Opfer sehen und es vorziehen, sich bei anderen ausheulen. Wiederkehrend.

Ab einem bestimmten Zeitpunkt fehlt mir das Verständnis dafür. Ich persönlich bin für jeden meiner Freunde, Bekannten, Seminarteilnehmer da. Ohr und Herz sind sehr offen. Ich bin ein sehr guter Zuhörer und gebe wirklich gute Tipps. Wenn jemand allerdings über einen langen Zeitraum immer wieder mit der gleichen Geschichte angedackelt kommt und von meinen Tipps nichts ausprobiert hat, dann ist festzustellen: Ich kann nicht helfen.

Entweder weil die Person leiden will oder weil meine Tipps in diesem Fall nicht helfen können. Wenn die Peron dann wieder mit der Geschichte anfängt, sage ich ihr, dass ich den Eindruck habe, nicht helfen zu können. Natürlich erst nach einiger Zeit, ich bin ja kein Monster. Meine freundliche, ehrliche und von Herzen kommende Reaktion hat schon oft dazu geführt, dass diese Geschichte nach fünf Sekunden Schockstarre fallen gelassen wurde und es wieder richtig nach vorne ging.

Ganz oft denke ich an den Rennfahrer Alessandro „Alex" Zanardi, der bei einem Unfall in Deutschland beide Beine verloren hat und dazu sagt: „Es gibt schlimmeren Mist im Leben!" Welch ein Fokus, was für ein Vorbild!

> **Unser Leben können wir nur bedingt lenken, unseren Fokus aber zu 100 Prozent.**

Das Leben ist, wie es ist, wir werden ja nicht gefragt, ob wir einen Tsunami, Krebs oder Autounfall haben wollen. Da gibt es wenig zu lenken. Aber unseren Fokus, also unsere Aufmerksamkeit in all dem Trubel des Lebens, den können wir lenken. Vieles im Leben liegt außerhalb unserer Kontrolle. Aber nach der ersten Benommenheit durch einen rechten Schwinger des Lebens können wir uns neu konzentrieren und entscheiden, worauf wir den Fokus legen.

Es ist doch immer dasselbe: Wir sehen oder hören etwas, unser Fokus geht voll auf das Problem und wir regen uns über etwas auf, das wir in dem Augenblick nicht ändern können.

Immer wieder höre ich in meinen Seminarevents, dass viele beruflich schon genug Stress haben. Als ob das noch nicht reichen würde, geht das Theater privat weiter. Mal eben nach Feierabend in den Supermarkt und noch schnell etwas zu essen kaufen. Bis zur Kasse geht alles gut. Doch da steht dann um 18:30 Uhr ein 93-jähriger kleiner Mann, der mit zittrigen Fingern passend bezahlen will. Ich bin ja nicht dabei, aber wenn ich den Erzählungen der gestressten Teilnehmer Glauben schenke, ist Opa in höchster Lebensgefahr. Erziehung, Freundlichkeit und Geduld spielen dann keine Rolle mehr. Opa muss weg, weil Opa den wohlverdienten Feierabend nach dem stressigen Tag gefährdet.

Wo liegt hier der Fokus? Auf dem Verhalten des Herrn und seiner Entscheidung, jetzt alles Kleingeld loszuwerden. Die Aufmerksamkeit wird magisch davon angezogen, dass Opa einen aufhält, man aber nichts tun kann. Also passive Problemfokussierung. Dass der ja bereits begonnene Feierabend da kein Genuss ist, ist bei dem Fokus kein Wunder.

Wo liegt der Fokus nicht? Dass Opa ein Recht darauf hat, um 18:30 Uhr einzukaufen und keinesfalls nur weil er vermutlich Zeit hat, morgens um 9 Uhr einkaufen gehen muss. Dass die Situation an der Kasse im Supermarkt eine unendliche Anzahl von Gründen für Dankbarkeit bietet. Die gekauften Tomaten muss ich nicht selbst anbauen, ich habe genug Geld, die Tomaten zu bezahlen, und bin gesund genug, einkaufen zu gehen. Außerdem habe ich Feierabend, für viele ja ein guter Grund für gute Laune.

Außerdem kann ich auch dankbar dafür sein, dass ich wahrscheinlich noch ein paar Jahre länger einkaufen gehen kann als Opa.

Sobald Sie also in einer solchen Situation verschnaufen, dann bewusst Verantwortung für Ihren Fokus übernehmen und ihn beispielsweise auf Dankbarkeit lenken, können Sie die Situation genießen.

Mir geht es zumindest so. Ich vermute, weil ich mich dazu entschieden habe, Verantwortung für meine Aufmerksamkeit zu übernehmen (weil das über mein Glück beziehungsweise Unglück bestimmt), und trainieren, die Aufmerksamkeit zu lenken. Wenn Sie wissen wollen, wie das geht, lenken Sie Ihren Fokus auf das nächste Kapitel. Was ich kann, können Sie schon lange.

> **Übernehmen Sie die Verantwortung für Ihren Fokus.**

Wie Sie Ihren Fokus lenken

Wenn Sie bereits in dem ein oder anderen meiner Vorträge oder Seminare waren, dann wissen Sie: Es muss einfach sein.

An der Supermarktkasse gelingt es Ihnen in Ihrem Stress doch nicht, das „In dreizehn Punkten zum neuen Fokus"-Programm durchzuführen. Außer Sie lassen es sich auf Ihren Handrücken tätowieren, aber dazu sind Sie wahrscheinlich nicht bereit.

> Es muss einfach sein, den Fokus zu lenken.

Also sehe ich es als meine Pflicht an, Ihnen eine einfache, praktische und wirkungsvolle Methode an die Hand zu geben. Die kriegen Sie auch. Allerdings bringt es Ihnen nichts, diese nur zu kennen, sondern Sie müssen diese auch anwenden, damit sie wirken kann. Und genau da liegt das Problem. Die meisten Menschen wollen ihren Fokus nicht verändern, weil sie sich damit verändern würden und im für das Ego schlimmsten Fall plötzlich nicht mehr „recht haben", sondern nachgeben.

Vor diesem Hintergrund gebe ich Ihnen jetzt gleich zwei Hinweise, mit denen Sie Ihren Fokus lenken können: erstens Hinweise, die Ihre Bereitschaft erhöhen, für Ihren Fokus die volle Verantwortung zu übernehmen, und zweitens eine Technik, mit der Sie ihn dann lenken können.

Hier kommen nun also gute Gründe, um seinen eigenen Fokus zu verändern, anstatt den anderer zu verändern. Die Bedingungen in unserem Leben sind grundsätzlich immer neutral. Sie machen uns nicht glücklich oder unglücklich, sondern sie sind einfach da. So lange, bis Sie auf dem Bildschirm auftauchen und mit Ihrer Wahrnehmung und Ihrem Fokus bewerten.

Von Natur aus sind Sie es bereits. Sie fokussieren sich ja auch nicht auf von Natur aus selbstverständlich vorhandene

> Sie brauchen sich nicht darauf zu fokussieren, glücklich zu sein.

Dinge wie Haut, Atmung, Hände oder Augen. Diese nehmen Sie als selbstverständlich an, warum dann nicht auch Ihr Glück? Könnte das nicht genauso eine natürliche, bereits vorhandene Lebensbedingung sein?

Überlegen Sie für einen Augenblick: Sind Sie vielleicht gestresst, unglücklich, genervt oder überfordert, weil Ihr Fokus vom an sich vorhandenen Glück abweicht und Sie es dann deswegen nicht sehen oder spüren können?

Ihr Glück und guter Zustand ist genauso eine Gabe, wie Haut, Atmung, Hände oder Augen zu haben. Warum sollte Glück nicht genauso für uns im Leben quasi vorbestimmt sein, wie es Herausforderungen sind? Warum sollte das Glück uns nicht eigentlich zuwinken, wenn wir im Stress sind? Könnte es vielleicht sein, dass wir all das Gute, Schöne und Faszinierende im Leben übersehen, wenn wir im Stress sind?

Ich bin davon ganz fest überzeugt: In dem Moment, in dem ich mir beispielsweise Sorgen mache, übersehe ich das zeitgleich und ebenso konkret vorhandene Gute. Diese Erkenntnis hilft mir dabei, an meinen Fokus zu denken, für ihn die Verantwortung zu übernehmen und ihn zu lenken.

Manchmal komme ich mir dabei wie in einer Komödie vor, deren Witz auf einem Missverständnis beruht. Ich laufe schlecht gelaunt am Guten, am Schönen, am Herrlichen vorbei und alle bemerken das, nur ich nicht.

Glück ist genauso ein natürlicher Zustand wie Gelassenheit oder Frieden.

Diese guten Zustände sind quasi Grundzustände unserer Natur und damit auch unseres Geistes. Natürlich gibt es mal mehr Glück und mal weniger, genauso wie es Ebbe und Flut gibt, aber alles tendiert meiner Erfahrung und Meinung nach immer Richtung Glück. So nach dem Motto des wohl aus Indien stammenden Spruchs: „Am Ende wird alles gut. Wenn es nicht gut ist, ist es noch nicht das Ende."

Wir sind von Natur aus auf Glück fokussiert, so werden wir quasi ausgeliefert.

Am deutlichsten wird mir das in meiner Firma immer beim Thema Neukundengewinnung. Natürlich sind wir stets daran interessiert, neue Firmen und Einzelpersonen zu finden, die unsere Erlebnisvorträge und Seminare buchen.

> Wir sind oft nicht glücklich, weil wir beim Streben nach Glück übersehen, dass wir bereits glücklich sind.

Dies kann schnell zu einem Gefühl von Mangel und Frust führen: Wir brauchen mehr Kunden, der hat abgesagt, es werden neue Marketing- und Vertriebsideen gebraucht, um in einer neuen Branche besser Fuß zu fassen. Der Fokus geht da ganz schnell auf Mangel, Probleme und darauf, was nicht so gut funktioniert.

Denn schnell wird vergessen, wie viele Kunden wir bereits haben, wie viele Seminare bereits ausgebucht sind und wie viele Angebote gerade kurz davor sind, bestätigt zu werden.

Obwohl gerade das für die Gewinnung neuer guter Kunden gebraucht wird. Denn nichts geht im Verkauf, wie auch im sonstigen Leben, über einen guten Zustand. Dass Ihr Zustand von Ihrem Fokus beeinflusst wird, wissen Sie ja bereits.

> Wir übersehen oft das stets vorhandene Gute.

Einfach und einleuchtend, stimmt's? Doch leider verstehen die meisten diesen Zusammenhang nicht, weil sie ihn nie kennengelernt haben. Daher weiß kaum einer, dass das größte Hindernis, das es für ein glückliches und stressfreies Leben zu bewältigen gilt, uns jeden Tag mehrfach im Spiegel anschaut.

Sie werden unabhängig und gehen mit dem Flow des Lebens.

> Wenn Sie mit Ihrem Fokus umgehen können, können Sie mit allem im Leben umgehen.

Sie kommen gar nicht mehr auf die Idee, sich gegen das zu stemmen, was Sie nicht verändern können, sondern Sie lenken den Fokus dorthin, wo Sie etwas verändern können. Sie hören auf, Katzen das Bellen beizubringen, und versuchen nicht mehr, aus Orangen Apfelsaft zu machen.

Warum? Weil Sie für Ihren Fokus Verantwortung übernehmen und ihn lenken. Weil Sie Ihre Freiheit, Ihren Fokus zu lenken, erkennen und nutzen.

Bei mir selbst und in Gesprächen mit meinen Seminarteilnehmern stelle ich immer wieder ein faszinierendes Phänomen fest: Es reicht nicht aus, die Idee von „Glück als Grundeinstellung" einmal gehört und begriffen zu haben. Irgendwie scheint es wichtig zu sein, sich jeden Tag daran zu erinnern. Denn sogar mir als „Gelassenheits-Freak" passiert es immer wieder, dass ich in Stress gerate, weil ich diese glücklich machende und entspannende Idee vergesse.

Verstehen und Wissen sind also nicht die Lösung, das werden Sie in Ihrem Leben auch feststellen können.

Üben und Anwenden sind vielmehr die Lösung. Meiner Erfahrung nach ist das die einzige Lösung, um den eigenen Fokus zu lenken und damit glücklicher zu sein. Ob uns das gefällt oder nicht, spielt hierbei keine Rolle.

Wenn Sie Ihren Fokus lenken wollen, müssen Sie es üben. Sie werden wahrscheinlich nie einen Level erreichen, in dem das nicht mehr nötig ist. Zumindest kenne ich niemanden, bei dem das so ist. Und glauben Sie mir: Ich habe die Welt bereist und mit „Experten" der Gelassenheit und positiven Lebensführung gesprochen. Alle, alle bestätigen mir, dass auch sie es als tägliche Aufgabe ansehen, sich um ihren Fokus und damit ihr Glück zu kümmern.

Doch was passiert stattdessen? Leute erzählen mir mit hochrotem Kopf im Seminar: „Herr Bremer, mein Chef informiert mich so schlecht, wie soll ich denn da glücklich sein?" Oder: „Herr Bremer, meine Kunden bezahlen ihre Rechnungen so schleppend, wie soll ich denn da den Fokus auf Fülle lenken?" Oder: „Mein Mann hat mich betrogen und ich soll für meinen Fokus die Verantwortung übernehmen?"

Ich sage dann aus Sicht von Fokus: „Was Sie erleben, ist unangenehm. Aber wollen Sie glücklich oder gestresst sein?" Natürlich kommt dann immer die Antwort „Glücklich!". „Gut", sage ich dann, „dann nutzen Sie Ihre Möglichkeit der Wahl, schließlich zwingt Sie ja keiner, unglücklich zu sein."

Meistens kommen dann Hin-
weise, die mit „Aber ich muss
doch" beginnen. Auf diesen
Augenblick habe ich die gan-
ze Zeit gewartet, das ist der Vorteil von Berufserfahrung.
Denn jetzt kann ich mit folgenden Worten zum Schrotflintentest einladen: „Zeigen Sie mir bitte, ob jemand Sie mit
einer Schrotflinte zu dem zwingt, was Sie glauben tun zu
müssen."

> Niemand zwingt uns,
> unglücklich zu sein.

Das ist fast immer die Chance für einen Aha-Moment. Zumindest für diejenigen, die für ihr Gefühl, ihr Leben und ihren Fokus die Verantwortung übernehmen wollen. Natürlich
verkneife ich mir fast nie den kleinen Gag: „... und wenn Sie
zukünftig jemanden sehen, der Ihnen die Flinte an den Kopf
hält, dann tun Sie bitte, was er oder sie sagt."

„Ich muss" ist eine Illusion, die durch einen fehlgeleiteten
Fokus entsteht, weil man sich einfach nicht auf die eigenen
(Wahl-) Möglichkeiten fokussiert. Wenn ich das bei mir oder
anderen Menschen beobachte, macht macht mich das mal
traurig, mal wütend – und ist damit wieder mal ein weiterer
Grund, in dem Augenblick meinen Fokus zu verändern.

Lassen Sie für einen Augenblick einige wirklich stressige Lebensphasen vor dem inneren Auge Revue passieren und überlegen Sie, wo in dieser Situation Ihr Fokus lag.

Lag er in der Phase woanders als im Rückblick? Haben sich
Ihre Gefühle und Ihre Haltung gegenüber dieser Phase im
Rückblick verändert, ohne dass sich an der Situation noch
etwas verändert hat? Also ich bin im Rückblick so einigen
meiner Exfreundinnen sehr dankbar, obwohl ich von ihnen
zu bestimmten Zeiten sehr genervt war. Aber gelernt wird ja
immer, so ein möglicher Fokus.

Haben Sie dafür auch Beispiele aus Ihrem Leben? Ich bin
sicher.

Entscheiden Sie sich vor diesem Hintergrund also dafür, ein
besseres, glücklicheres und erfüllteres Leben mit weniger
Stress, Druck und Hektik zu haben. Dies ist möglich, indem
Sie sich versprechen, für Ihren Fokus die volle Verantwortung

zu übernehmen. Dann erst können Sie Ihren Fokus mit der folgenden Technik lenken und die Entscheidung auf täglicher Basis umsetzen.

Nehmen wir an, Sie hätten diese Entscheidung getroffen und begriffen, wie leicht Sie sich mit einer Änderung des Fokus aus dem Stress in Gelassenheit, Glück und Lockerheit führen können. Nehmen wir an, Sie wollten glücklich sein und wären bereit, Ihren Fokus in einer Situation zu ändern.

Das Geheimnis lautet: Fokus folgt Frage.

Das war schon eine merkwürdige Situation, dient aber auch als gutes Beispiel für die Idee von „Fokus folgt Frage". Ich hatte mich gerade in einem Kaffee am Englischen Garten mit einem Kollegen in München hingesetzt, als es losging. „Schau mal, wie sieht die denn aus? Och nee, das kann die nun wirklich nicht tragen. Ich hasse München, diese ganzen Snobs hier!" Ich war baff.

Es war ein Sonntag im Sommer, ein herrlich warmer, sonniger Tag. Perfekte Bedingungen, um eine gute Zeit zu haben. Aber nicht für meinen Kollegen. Denn sein Fokus lag zu 100 Prozent auf den Aspekten Münchens, die ihm persönlich nicht gefallen. Ich hingegen war einfach nur glücklich, noch einen Tag in dieser schönen Stadt zu verbringen.

Ohne es zu wissen, hatte der Kollege eine bestimmte Frage im Kopf. Diese Frage lautete: „Was an München ist doof?" Mit dieser Frage kann er sich nur schlecht fühlen und die Situation nicht genießen. Meine Frage hingegen lautete: „Wie kann ich aus diesem freien Tag das Beste rausholen?"

Natürlich war mein Fokus vorübergehend bei seinem Verhalten, aber wir hatten dann doch noch zwei schöne gemeinsame Stunden. Schließlich bin ich nicht umsonst Pädagoge und habe ihn sanft auf das Gute an der Situation hingewiesen. Humor hilft: „Wenn du die so hässlich findest, kannst du ja froh sein, dass es bei euch in Berlin nur hübsche Frauen gibt und du nicht mit ihr verheiratet bist."

Ich hoffe, Sie sehen ganz klar, wie sehr uns die jeweilige Frage beeinflusst und dieselbe Situation ganz anders erleben lässt.

Daher lautet das Motto: Fokus folgt Frage. Ist die Frage negativ, ist der Fokus negativ. Ist sie positiv, ist er positiv.

Gewöhnen Sie sich ein paar Fokusfragen standardmäßig an. Hier vier sehr hilfreiche:

Sie brauchen diese in der Praxis nicht alle in jeder Situation zu stellen, sondern suchen sich eine aus, wann immer Sie Ihren Fokus lenken wollen.

> Bin ich in Lebensgefahr? Was ist das Gute an der Situation? Wofür kann ich dankbar sein? Was kann ich jetzt tun?

Ich reise viel mit der Bahn und genieße es zwischendurch immer wieder mal, das heitere Spiel „Finde die Fokusfrage" zu spielen. Denn wenn Sie mit offenen Augen und Ohren andere Reisende ganz unauffällig beobachten und ihnen zuhören, trainieren Sie dabei Ihr Bewusstsein für Fokussierung. Schließlich reden viele ja ausreichend laut, dass ich mich eingeladen fühle, zuzuhören.

Schwärmt ein Mitfahrer seinem Sitznachbarn von dem neuen wunderbaren Mercedes vor und beendet seine Ausführungen dann im ironischen Tonfall mit „Aber das ist natürlich nur was für unsere Chefetage", ist die Fokusfrage wohl eher „Wieso ist die Welt so ungerecht?" als „Was kann ich tun, um mir in drei Jahren auch eine solche Kiste leisten zu können?".

Die Frau eines Freundes hat ihm nach drei Jahren Ehe offenbart, dass sie vor ihm mit einem Junky zusammen war, der an Aids gestorben ist. Sie können sich in Ihren kühnsten Träumen nicht vorstellen, wie ihn das getroffen und besorgt hat. Doch nach seinem Aidstest und einigen Tagen der Beruhigung war er in der Lage, die Situation mit seinen Antworten auf die Fokusfrage „Was ist das Gute an der Situation?" friedlich zu bewältigen.

Wenn ich Zeitdruck empfinde, erkenne ich oft die unbewusste Frage: „Wie kann ich das alles jetzt schaffen?" Eigentlich müsste ich sie mit „Gar nicht!" beantworten. Das mache in den Situationen dann aber leider noch zu selten. Stattdessen versuche ich, die Gesetze der Mathematik aus den Angeln zu heben, indem ich denke, eine Reihe von Aufgaben, die nun mal fünf Stunden brauchen, in einer bewältigen zu können. Das kann nur zu Stress führen. Eine viel bessere Fokusfrage lautet: „Welches sind jetzt die wichtigsten Aufgaben, mit denen ich zügig anfangen sollte?" Nur so kann es gelingen, Prioritäten zu setzen und die Aufgaben schwungvoll im Jetzt zu bearbeiten. Sonst bin ich vorwiegend auf meine aufgrund des „nicht alles geschafft Habens" schreckliche Zukunft fokussiert. Diese Fantasie spare ich mir und arbeite die Dinge lieber zügig ab.

Die Fokusfrage „Wofür kann ich dankbar sein?" nutze ich pro Woche mindestens zwei- bis dreimal. Die Resultate: Beim undichten Bad bin ich dankbar, gesund zu sein und mir die Reparatur leisten zu können. Bei ausbleibendem Zahlungseingang einer Miete bin ich dankbar, dass alle anderen Mieter regelmäßig zahlen und keine Wohnung freisteht.

Doch nun zu Ihnen: Trainieren Sie, Fokusfragen einzusetzen. Üben Sie das, als ob es um Ihr Leben ginge, und nehmen Sie sich diesen Punkt fest vor. Denn es geht um Ihr Leben, weil Ihr Fokus über Ihr glückliches Leben entscheidet.

Stellen Sie sich vor, Sie hätten bereits vor fünf Jahren beschlossen, für Ihren Fokus die Verantwortung zu übernehmen und jeden Tag zu trainieren, Ihren Fokus zu lenken. Wie weit wären Sie dann schon? Wie leicht Sie dann ruhig und aktiv bleiben könnten – in Situationen, die Sie heute noch nerven und emotional aus dem Gleichgewicht bringen.

Leider kann ich das für Sie nicht tun. Aber ich kann Ihnen sagen, dass die Qualität meiner Fokusfragen über die Qualität meines Lebens bestimmt. Und was gibt es Wichtigeres?

7.
Ego

Du gehörst ans Steuer

Haben Sie jemals etwas nicht gemacht, weil Sie dachten, dass andere Sie dann nicht mögen würden? Wie oft haben Sie sich bereits heftig über Kleinigkeiten aufgeregt, die im Rückblick völlig egal sind? Ist es Ihnen schon mal passiert, dass Sie etwas Unangenehmes nicht angesprochen haben, obwohl es Ihnen wichtig war?

Mir fallen zu allen drei Fragen einige gute Beispiele ein, Ihnen wahrscheinlich auch. In allen Fällen war das Ego aktiv, hat uns gelenkt und unser Leben geführt. Dabei war der Wunsch nach Anerkennung und die Sorge vor Ablehnung am Steuer. Der gesunde Menschenverstand, die Logik, das Herz waren außen vor. Unser sehnlicher Wunsch nach Glück, Aufrichtigkeit und Selbstfürsorge saß daneben und schaut zu. Das Ergebnis war nicht gerade glorreich und auf keinen Fall dabei behilflich, ein großartiges Leben zu führen.

Zu oft lassen wir uns von unserem Ego in die Irre führen, wenn wir ihm ungeprüft glauben. Dann bringt es uns auf Wege, die zwar zur Anerkennung durch andere führen können, nicht aber zu einem Leben im Einklang mit uns selbst.

Dieses Kapitel stellt Sie dazu vor eine der größten Herausforderungen, denen sich ein Mensch stellen kann. Die Herausforderung der neutralen Selbstreflexion. Oder nennen Sie es Selbsterkenntnis oder Selbstbewusstsein, Letzteres aber nicht im Sinne von Selbstvertrauen, sondern sich seiner selbst bewusst zu sein.

Das Selbst ist in diesem Zusammenhang als „Ego" zu verstehen, es wird gleich mit vielen Beispielen beschrieben. Der Einfluss Ihres Egos auf Ihre Lebensqualität ist größer als alles andere. Sogar größer als Ihre Gesundheit, Ihre Partnerschaft und sonstige Lebensbedingungen. Sogar noch wichtiger als Wasser, Sonne und Erde für das Wachsen einer Pflanze. Denn der Kern, der Samen, bestimmt darüber, was es für eine Pflanze wird. Die meisten Menschen säen dank ihres Egos etwas, das sie gar nicht ernten wollen. Nämlich Mittelmaß, Stress und Unzufriedenheit.

Ihr Ego entscheidet darüber, ob Sie glücklich sind.

Die wahren Herausforderungen im Leben sind weder, eine glanzvolle Karriere zu machen, einen Achttausender ohne Sauerstoff zu besteigen, noch, den Umsatz in schwierigen Märkten zu verdoppeln.

Die wahre Herausforderung im Leben besteht darin, im Alltag glücklich zu sein.

Dafür müssen wir lernen, mit unserem Ego zurechtzukommen. Uns selbst zu reflektieren und dann zu erkennen.

Doch was ist ein „Ego" eigentlich? Um sich mit etwas zu beschäftigen, macht es ja Sinn, genau zu wissen, wovon gerade die Rede ist. Das „Ego" gibt es nicht wie beispielsweise einen Stuhl, ein Fenster, ein Auto oder ein Haus. Dies sind stoffliche Dinge, die wir anfassen und recht leicht untersuchen können. Das Ego hat keine solche Struktur, sondern lässt sich eher in den Auswirkungen seiner Aktionen beobachten und beschreiben. Wenn jemand einen Stuhl aus einem Haus auf ein Auto wirft, war das Ego in Aktion.

Bitte denken Sie jetzt nicht: „Ach so, das Ego ist mein Ich". Das ist ein sehr häufiges Missverständnis mit unangenehmen Folgen. Es ist nur ein Teil von Ihnen. Genauso wie Sie nicht Ihr Arm sind, sind Sie auch nicht Ihr Ego. Allein dass wir es wahrnehmen können, ist für mich ein Beweis, dass ich mehr bin als mein Ego. Zum Glück, denn nur so können wir es mit unserem Bewusstsein beobachten und dann entscheiden, ob wir den Ideen und Aktionen des Egos folgen wollen – oder eben nicht. Die besten Geschichten passieren im Kopf, bei mir hört sich das dann so an:

Ego: „Das hat der extra gemacht!"

Ich: „Moment, woher weißt du das?"

Ego: „Ist doch offensichtlich!"

Ich: „Aha, und auf welchen Fakten gründet dein Vorwurf?"

Ego: „Das Ganze ist so klar, das braucht doch keine Fakten!"

Ich: „Also weißt du gar nicht, ob es ein Vorwurf war, sondern vermutest es nur?"

Ego: „Das würde ich nie zugeben ... "

Nein, keine Sorge, jetzt wird es nicht mystisch oder esoterisch. Sondern es bleibt konkret und Sie werden nach einigen Beispielen, wo Egos in Aktion waren, genau verstehen, was damit gemeint ist. Und Sie werden vor allem Ihr Ego besser kennen und geschickter darin werden, es für sich arbeiten zu lassen. Anstatt sich von ihm fertigmachen zu lassen.

> **Das Ego lebt in unseren Köpfen in Form von Gedanken.**

Weil sich das Ego logisch-sachlich nur schwer nutzbringend beschreiben lässt, finden Sie im folgenden einige Situationen, in denen Sie gut sehen können, wie bedeutend eine Beschäftigung mit ihm ist.

> **Das Ego ist ein Sturm, der dem gesunden Menschenverstand die Kerze ausbläst.**

Das Gebrüll hörte ich gerade als ich dabei war, den Beamer an meinen Rechner anzuschließen. Ein Kollege hatte mich eingeladen, vor seinen Kunden in Zürich meinen Erlebnisvortrag „Nie wieder ärgern" zu halten. Erst als plötzliche Stille einkehrte, wurde mir klar, dass mein Kollege so geschrien hatte. Das ist ungewöhnlich, denn er ist an sich ein netter, ausgeglichener Kerl. Anlass war, dass er zum wiederholten Male in dem Veranstaltungsraum war und zum wiederholten Male Absprachen nicht eingehalten wurden. So etwas mögen Egos gar nicht. Natürlich ließ sich alles zu seiner Zufriedenheit regeln, wie es dem kleinen Azubi heute geht, weiß ich nicht.

Doch jetzt kommt es: Nachdem wir uns nach der Veranstaltung abends an seinem Auto stehend verabschieden, hört er plötzlich auf zu sprechen, schaut auf sein Auto und sieht mit weit aufgerissenen Augen einen 50 Zentimeter langen Kratzer auf dem Kofferraum. Sofort fing das Gebrüll wieder an: „Das waren die vom Hotel! Aus Rache! Erst nicht liefern und Mist bauen und dann auch noch Rache an Leuten nehmen, die für ihr Geld ordentlich arbeiten!" Langsam wurde mir klar, dass er zurzeit etwas unausgeglichen war. Nächste Aktion: Ärmel hochkrempeln, ins Hotel gehen und dort den Nächstbesten vermöbeln. Doch vorher noch schnell die Sachen ins Auto, damit er beide Hände frei hat. Als er sein Auto per Fernbedienung öffnen will, geht es nicht.

Aber ein Auto ein paar Meter entfernt geht auf. Sogar eines ohne Kratzer, denn wir standen vor dem falschen Auto.

So tickt das Ego: vorschnell bewerten und unreflektiert schnell reagieren. Werten Sie mit Ihrem Ego meinen Kollegen jetzt lieber nicht ab, sondern schauen Sie, was Ihnen dieses Beispiel aufzeigen kann. Wann haben Sie zum letzten Mal etwas oder jemanden vorschnell bewertet und mussten Ihren Irrtum dann kleinlaut feststellen?

Das Ego in seiner ganzen zerstörerischen Ambition konnte ich beobachten, als ich vor vielen Jahren den Auftrag bekam, eine vom Konkurs bedrohte Bäckerei moderierend zu begleiten. Es hieß, die beiden Inhaber hätten Stress und Konflikte miteinander, die für die Schieflage hauptverantwortlich waren. So nach dem Motto: Der Betrieb könnte so gut laufen, wenn nur die Chefs nicht wären. Die beiden Geschäftsführer waren Brüder und hatten die damals noch florierende Bäckerei vor drei Jahren mit 25 Filialen geerbt. Was für eine Chance, aus der sich richtig was machen ließe.

Nicht jedoch die beiden Brüder, oder besser gesagt deren beider Egos. Denn die hatten nichts Besseres zu tun, als Krieg zu führen und sich zu streiten. Sie konnten sich nicht einigen, wer für welche Bereiche verantwortlich ist. Machtspielchen. Dabei wäre es so einfach gewesen: Der eine kümmert sich um die Produktion, der andere um den Vertrieb in den Filialen. Das wäre passend zu ihren Talenten und Interessen gewesen.

Aber nein! Sie konnten sich einfach nicht einigen und waren so stur, dass auch meine begleitende Moderation nicht verhindern konnte, dass der Konkurs angemeldet werden musste. Ergebnis: Beide waren nahezu mittellos und 220 Mitarbeiter mussten sich arbeitslos melden.

Jetzt werden Sie vielleicht den Kopf schütteln. Doch wann haben Sie zum letzten Mal den Kopf verloren und bei einem Streit die eigentliche Sache aus den Augen verloren?

Diesen Freitag in Unna werde ich nie vergessen. Er hat sich eingebrannt und wird mich ein Leben lang begleiten. Ich hatte gerade an der roten Ampel gehalten, das Verdeck geöffnet und genoss den schönen Sommertag bei guter Musik aus dem Autoradio, als links neben mir ein älterer Seat Marbella hielt. Ich schaue im Takt der Musik nach links und nicke dem Nachbarn freundlich zu. Kurz bevor die Ampel auf Grün springt, fährt er die Scheibe seiner Beifahrerseite herunter, schreit „Arschloch!" und gibt Vollgas. Das passiert Ihnen in Unna, wenn Sie ein Porsche Cabriolet fahren. In Düsseldorf oder München wäre so was nicht passiert. Spaß beiseite: Über diese Situation habe ich noch lange nachgedacht. Befragen konnte ich den Herrn ja nicht, habe aber folgende These:

Sein Ego mochte es nicht, dass ich ein wertvolleres Auto fahre als er. Noch weniger mochte er es wahrscheinlich, dass ich so gut gelaunt war, vielleicht fühlte sich sein im Seat sitzendes Ego sogar provoziert.

Genug des Nachdenkens über andere, wann haben Sie zum letzten Mal aus Neid seltsam reagiert? Es ist immer leicht, über die Egos der anderen herzuziehen und sich über sie lustig zu machen. Legen Sie das Buch für einen kurzen Moment weg und finden Sie drei Situationen, in denen Sie anderen etwas nicht gegönnt haben. Dann wissen Sie auch, was ich mit Ego meine.

Der sonntägliche Geburtstagsbrunch bei Freunden war im vollen Gange. Ich war mit einem Klavierlehrer in einem angenehmen Gespräch über Stress und wie dieser seine Schüler motivieren oder behindern kann. Seine Frau gesellte sich zu uns, beteiligte sich kurz am Gespräch, und als sie herausfand, dass ich mich beruflich mit Stress beschäftige, sagte sie: „Hast du überhaupt Kinder?" Als ich diese Frage mit dem kleinen Spaß „Keine, von denen ich wüsste" verneinte, schoss es aus ihr aufgebracht heraus: „Dann weißt du auch nicht, was Stress ist!" Gesagt und verschwunden. Das ist Ego in Aktion.

Schlauer wäre es gewesen, den Experten zu fragen: „Ich bin manchmal von meinen Kindern gestresst, hat du einen Tipp, du scheinst dich da ja auszukennen?" Noch schlauer wäre es dann, die Tipps auszuprobieren.

Aber das Ego lässt eine solch banale und einfache Idee nicht zu. Lieber greift es an, will recht haben und seine Meinung „Nur wer Kinder hat, weiß, was Stress ist" bestätigt sehen. Welche persönlichen Nachteile so entstehen, ist dem Ego egal.

> **Das Ego verzichtet lieber auf persönliche Vorteile, wenn es nur recht haben kann.**

Ich liebe es, das bei mir und anderen zu beobachten. Jetzt haben Sie einige Beispiele gelesen, in denen das Ego wenig konstruktiv unterwegs gewesen ist. Das muss aber nicht immer so sein, denn das Ego hat auch eine wundervolle Seite.

Glaube nicht alles, was du denkst

Um mit meinem Ego klarzukommen, nutze ich gerne ein in der Praxis sehr hilfreiches Modell. So kann ich mit den beiden Teilen des Egos konstruktiv umgehen.

Stellen Sie sich dazu vor, Sie hätten ein kleines und ein großes Ego. Das kleine Ego ist neidisch, ängstlich und kriegerisch unterwegs. Es entscheidet schnell und ohne große Ausgewogenheit. Die Vereinbarung mehrerer Aspekte und Sichtweisen ist nicht sein Interesse, sondern eher das Beharren auf einem Standpunkt. Es glaubt, die eine richtige Sichtweise zu kennen, und versteift sich auf sie. Andere Sichtweisen werden nicht zugelassen, weil die eigene ja die einzig richtige ist. Genau wie in den oben genannten Situationen. Hätte das kleine Ego ein Gesicht, so wäre es angespannt und hätte meistens den Ausdruck unangenehmer Emotionen. Seine Stimme wäre unangenehm gepresst und es würde eher schnell sprechen. Es ist Meister der knallharten und unreflektierten Bewertung. Es ist dabei blitzschnell. Gut, wenn Sie es mit Feinden wie Säbelzahntigern zu tun haben. Denn dann muss es schnell gehen. Aber wie oft treffen wir noch auf Säbelzahntiger?

Das große Ego hingegen gönnt grundsätzlich allen alles Gute, ist zuversichtlich und findet Lösungen. Es hat auch eine Idee von „Ich" und „Anderen", wünscht sich dabei aber Verständigung und Frieden. Es sucht nach Möglichkeiten, die Dinge des Lebens von einem Standpunkt der Liebe aus zu betrachten. Es ist optimistisch, konstruktiv, wählt mit Bedacht und versucht, scheinbare Gegensätze zu einem wirklichen Ganzen zu vereinen. Das können unterschiedliche Interessen oder Meinungen anderer Menschen sein, die vom großen Ego gehört und gewichtet werden.

Es ist offen für mögliche neue Sichtweisen und nimmt sich die Zeit, diese verstehen zu wollen. Als Meister der Beobachtung und der Wahrnehmung nimmt es sich den einen Moment mehr, den das braucht. Hätte es ein Gesicht, so würde es öfters schmunzelnd und gütig aussehen. Es kann aber auch entschlossen sein und in direkte Aktion geraten, wenn es etwas Gutes durchsetzen möchte.

Wie reagiert Ihr Ego auf diese Zeilen? Welches Ego hat zuerst reagiert, das große oder das kleine? Was denken Sie, wenn Sie lesen „Frieden", „Verständigung" und „das Gute"? Wahrscheinlich reagieren jetzt beide Teile Ihres Egos. Beobachten Sie einfach.

Über die wieder mal herumliegende Socke des 15-jährigen Sohnes regt sich das kleine Ego auf und fühlt sich respektlos behandelt. Unreflektiert wird es laut und greift den vermeintlichen Bösewicht an. Es beschäftigt sich mental und emotional mit diesem „Problem". Das große Ego nimmt die Socke als das wahr, was sie ist, und räumt sie entweder weg oder weist bei nächster Gelegenheit auf sie hin.

> Lassen Sie uns unsere Egos darauf konditionieren, andere seltener unreflektiert spontan zu bewerten.

Daher habe ich absolut keine Angst mehr davor, von den anderen bewertet zu werden.

Bei einem Vorwurf fühlt sich das kleine Ego angegriffen, schießt sofort zurück und verteidigt sich, als ob es um unser Leben ginge. Es hat an der Sichtweise des anderen und seinen eventuellen Begründungen oder gar Fakten kein Interesse. Zornig schreit es auf und zieht in den Krieg.

Das große Ego bleibt ruhig, reflektiert und sammelt zuerst ein paar Infos, um dann zu entscheiden, wie es mit dem „Vorwurf", der ja im Kern erst mal nur eine Aussage oder besser Meinungsäußerung ist, umgeht. Es bewertet erst, nachdem es Antworten auf Fragen wie „Wie genau meinen Sie das?" oder „Woran machen Sie Ihre Aussage, ich hätte mir nicht genug Mühe gegeben, fest?" bekommen hat. Dann sucht es mögliche Punkte der Zustimmung, weist aber genauso auch auf seine eigene Sichtweise in dieser Situation hin. Alles das geschieht unaufgeregt, kontrolliert und langsam. Denn es sieht keinen Grund, sich aufzuregen oder laut und hektisch zu werden.

Das kleine Ego sucht aber genauso oft die übertriebene Anpassung an die Gesellschaft. Es flüstert uns als allgemeingültige Maximen „Fall nicht groß auf!", „Schwimm im Strom mit!", „Sage lieber nicht deine Meinung, es könnte sich schlecht für dich auswirken!" zu. Das große Ego erkennt konkrete Situationen, in denen es unter dem Strich für alle von Vorteil ist, Gemeinschaftssinn über die eigenen Interessen zu stellen.

„Everybody's darling is everybody's Depp", wie ich letztens auf einer Gratispostkarte lesen durfte. Jetzt pfeifen es schon nicht mehr die Spatzen von den Dächern, sondern die Gratispostkarten aus dem Ständer vor den Örtlichkeiten der Stammkneipe. Denn als „jedermanns Depp" haben wir unser Leben nicht nach unseren Regeln gelebt, sondern nach denen der anderen. Meiner Meinung ist das ein trauriges Beispiel für die stets vorhandene Gefahr, aufgrund des eigenen Unvermögens die größte Chance des Lebens verpasst zu haben: ein mutiges Leben im Einklang mit sich selbst und den anderen.

Es war mitten in einem Seminar, als eine bis dahin eher stille und ruhige Teilnehmerin plötzlich aufgebracht sagt: „Meinen Sie damit etwa, ich sollte egoistischer werden?" Ein Moment der Reflexion, Wahrheit und Begegnung, so mag ich es und antworte: „Nein. Lassen Sie uns dafür kurz definieren, was egoistisch bedeutet. Für mich bedeutet es nicht, einen an einer Gräte erstickenden Tischnachbarn zu ignorieren und sich lieber an seinem eigenen Essen zu erfreuen. Oder ihn wegen der störenden Geräusche zu maßregeln. Das ist nicht egoistisch, sondern wenig intelligent."

Das ist nur logisch und passiert ganz selten auf Kosten anderer.

> Egoistisch zu sein bedeutet, zu merken, dass ich etwas brauche, aber gerade nicht habe. Also hole ich es mir.

Wenn ein Kunde von Ihnen Spitzenleistung haben will, sich aber nur sehr wenig Zeit für die wichtigen Gespräche nimmt, dann ist es nötig, aber nicht egoistisch, mehr Zeit einzufordern. Wenn Sie von Job, Haushalt und der Pflege der Mutter überfordert sind, dann ist es notwendig, dass Sie sich Zeit für sich nehmen, und nicht egoistisch. Wenn es Ihnen auf einer Party nicht gefällt und Sie haben bereits alles, inklusive Aufnahme alkoholischer Getränke, getan, damit Ihnen die Situation besser gefällt, dann ist es nicht egoistisch, zu gehen, sondern vernünftig.

Es geht nicht grundsätzlich darum, egoistisch zu sein. Sondern es geht darum, eine Balance dabei zu erreichen, seine Interessen und Bedürfnisse mit denen der anderen in Einklang zu bringen. Allerdings konnte ich bei allen Fällen von massivem Stress und Burnout feststellen, dass hier ein Ungleichgewicht bestand. Es ging meistens darum, sich mehr um andere als um sich zu kümmern. Wie ist das bei Ihnen?

Wir dürfen unser Leben nicht nach dem Nordstern der anderen ausrichten. Wir müssen erkennen, was unser eigener Nordstern, also unsere Prinzipien, Werte und unsere Intention erkennen, um ein Leben zu leben, welches lebenswert ist. Auf das wir mit liebevollem Stolz zurückblicken können, wenn es sich dem Ende zuneigt.

Unsere Egos leiten uns immer wieder mit sehr ähnlichen Geschichten in die Irre. *Geschichten sind das einzige Mittel des Egos um auf sich aufmerksam zu machen und uns so zu lenken.* Daher macht es sehr starken Gebrauch von ihnen. Diese Geschichten machen uns krank, nehmen uns unsere Kraft und leiten uns in den Stress. Sie nehmen uns die Chance auf Wachstum, die Fähigkeit zur verständnisvollen Nachsicht und trennen uns von anderen Menschen.

Die Geschichten des Egos verhindern die Liebe zum Leben. Sie trennen uns von der freundlichen Wirklichkeit, von dem, was ist. Damit trennen sie uns auch von dem Einzigen, was uns bei guter Behandlung glücklich machen kann: dem, was ist.

Wahrscheinlich werden Sie bei diesem Tamtam und Täterä wissen wollen, was das für „Geschichten" sind, die einen solchen Einfluss auf ein erfülltes oder verpasstes Leben haben. Weil wir alle ähnlich sozialisiert werden und sich daher auch unsere Egos mit diesen Geschichten ähneln, werden sie Ihnen bekannt vorkommen.

Doch lassen Sie uns kurz definieren, was hier mit „Geschichte" gemeint ist. Kennen Sie Personen, zu denen die Beschreibung „Geschichtenerzähler" passt? Personen, die dramatisieren, was sie erlebt haben? Die sich bei einer kleinen Begebenheit bereits in Lebensgefahr sahen? Die manche Aspekte hinzuerfinden und andere weglassen? Das, was Sie bei solchen Leuten beobachten können, macht Ihr Ego den ganzen Tag. Es nimmt über Ihre Sinne etwas war, ein objektiv vorhandener Kern wird über Augen und Ohren subjektiv aufgenommen. Dann wird die Geschichte, bestehend aus Gedanken, dazu erfunden – und von Ihnen entweder geglaubt oder hinterfragt.

Glauben Sie also nicht unreflektiert dieser Stimme im Kopf, sondern betrachte sie als Vorschlag. Sie entscheiden. Sie gehören ans Steuer, nicht das Ego. Sie sind der Reiter, das Pferd ist Ihr Ego.

> Betrachte dein Ego als Geschichtenerzähler. Höre ihm zu, aber glaube nicht alles, was es dir erzählt.

Wenn Sie eine E-Mail erhalten und den Inhalt als Beleidigung auffassen, dann erkennen Sie an Ihrem Gefühl und dem Etikett Beleidigung, dass hier eine Geschichte des kleinen Egos aktiv ist. Hören Sie sich diese an: „Schreib sofort zurück!", „Dass gerade er/sie das sagt, lächerlich!", „Das darf doch wohl nicht wahr sein, so eine Frechheit!".

Schreiben Sie ruhig Ihre Antwort vom kleinen Ego aus, das kann sehr lustig sein. Aber folgen Sie nicht der Geschichte des kleinen Egos „Sende sie jetzt mit lautem Klick ab! Und erzähle dann mindestens fünf Personen, was dir Schreckliches widerfahren ist!" Verschicken Sie die E-Mail (noch) nicht, sondern lassen Sie sie vom großen Ego in den „Entwürfe"-Ordner legen. Nach einer Zeit, das können 10 Sekunden, 10 Minuten oder ein ganzer Tag sein, schauen Sie sich die E-Mail an, verändern sie eventuell und versenden sie dann. Oder gehen ins Gespräch, zu dessen Aufwand Ihr großes Ego eher als ihr kleines Ego bereit sein dürfte.

Hier können Sie gut sehen, wie unterschiedlich die Geschichten des Egos sein können, wie leicht es ist, diese wahrzunehmen und dann ausgewogener zu entscheiden, welchem Appell Sie folgen wollen.

Betrachten Sie die Geschichte wie einen guten Film. Amüsieren Sie sich in der Rolle des Betrachters. Leiden Sie nicht in der Rolle des Protagonisten. Erkennen Sie die Intention des Regisseurs und unterscheiden Sie zwischen Fiktion und Wirklichkeit.

Nun zu den Geschichten des kleinen Egos, bei denen größte Vorsicht geboten ist, um ihnen nicht auf den Leim zu gehen und sich, seinem Glück und seinem erfüllten Leben zu schaden.

> **Ihre Ergebnisse im Leben sind auch Ergebnisse Ihres Egos.**

Wenn Sie die Ergebnisse ändern wollen, ändern Sie zuerst Ihr Ego. Seien Sie dabei Ihr eigener Coach, nicht Ihr eigener Kritiker.

Das Gute vorweg: Es geht bei diesen Geschichten im Grunde nur eine einzige Sache in verschiedenen Facetten. So ist es überraschend leicht, seine Geschichten zu erkennen und weitere hinzuzufügen. Denn das kleine Ego ist stets damit beschäftigt, die immer gleiche Idee auf 100 verschiedene Arten zu erzählen: „Es ist nicht so, wie es sein soll. Und das ist schlecht."

Es hat eine Idee davon, wie die Wirklichkeit zu sein hat, und erfährt über unsere Wahrnehmung, dass es zwischen beiden eine Differenz gibt. Mit dieser Abweichung vom Wunschdenken liegt uns das kleine Ego einen ganzen Tag im Ohr, wenn wir ihm nicht Einhalt gebieten.

Hier Auszüge aus dem Tagesablauf des kleinen Egos, vom Morgen bis zum Abend:

Der Wecker des Lebenspartners ist zu laut. Wir haben schlecht geträumt. Die Dusche wurde zu langsam warm. Die Reinigung hat den Fleck doch nicht rausgekriegt, obwohl es versprochen wurde. Das Toastbrot war nicht gebräunt genug. Es war nicht genug Butter da. Die Kinder sind nicht schnell genug angezogen. Der Schlüssel liegt nicht da, wo er liegen soll. Die Bahn soll pünktlich sein. Auf der Welt herrscht nur Chaos. Alle Politiker sind doof. Der Kollege grüßt nicht freundlich. Ein anderer Kollege ist im Meeting zu spät und außerdem schlecht vorbereitet. Bei den Preisen in der Kantine kann man wirklich besseres, zumindest heißes Essen erwarten. Kurz vor Feierabend kommt noch eine Anfrage rein. Die Bahn ist wieder zu spät, außerdem telefoniert jemand zu laut. Die Tomaten aus dem Biomarkt waren auch schon mal besser. Und das Fernsehprogramm langweilt zu Tode.

Zum Glück ist das nur die Meinung des kleinen Egos und damit für Sie nicht ausschlaggebend. Denn das große Ego erzählt in exakt denselben Situationen eine jeweils ganz andere Geschichte: „Das ist normal", „Das ist ein Luxusproblem", „Mag sein, und gleichzeitig kannst du es auch von Dankbarkeit aus betrachten", „Geh hin und sprich es an", „Denke dran, du machst das freiwillig" oder „Sei froh, dass du gesund und am Leben bist".

Nun möchte ich Ihnen einen Weg aufzeigen, wie Sie die Geschichten des kleinen Egos erkennen. Damit Sie ihm nicht länger wie ein Sklave gehorchen, sondern besser Ihre vorhandene Wahlmöglichkeit nutzen.

Oder entscheide ich mich für eine ganz neue, ausgewogene Version, die meinem gesunden Menschenverstand am sinnvollsten erscheint?

> *Sie haben die Freiheit der Wahl: Höre ich auf mein kleines oder auf mein großes Ego?*

Dafür ist es hilfreich, die Geschichten des kleinen Egos öfters mit einem Schmunzeln wahrnehmen zu können. Denn nur wenn Sie sie erkennen, können Sie sie entlarven. Das ist einfach, denn an sich gibt es vor allem zwei Varianten, die leicht zu erkennen sind.

Jetzt also „Vorhang auf!" für die erste Variante der Geschichten:

„Das darf ich nicht" oder „Ich muss das machen": Diese Variationen ein und derselben, Zwang vorgaukelnden Geschichte ist eine sehr beliebte Story des kleinen Egos, von der es uns gerne und oft überzeugen möchte. Die eine ist einfach nur das Gegenteil der anderen, aber im Kern erreichen sie beide dasselbe: Ihr Verstand schnürt Ihr Herz zu. Sie machen damit zu oft nicht das, was für Sie richtig ist. Denn Sie haben eine eventuell gute Idee, aus der Sie Ihr Ego rausquatscht. Kaum eine Geschichte nimmt uns so viele Möglichkeiten, im Leben mutig, groß und stark zu sein, wie diese hier. Variationen von ihr lauten:

„Das macht man nicht."

„Was sollen nur die anderen denken?"

„Mach das lieber nicht!"

„Das geht nicht."

„Man darf nicht Nein sagen."

Unser kleines Ego haben wir nicht von Geburt an, sondern es wird trainiert. Dieser Prozess wird auch Erziehung genannt und hat ein paar Schwächen. Schließlich ist nichts im Leben perfekt. Ergebnis dieser Verziehung ist dann beispielsweise Folgendes:

Krankenschwester Jasmin wird von ihrer Stationsleitung nach einer Serie von sieben Nachtdiensten angerufen und gefragt, ob sie denn am Wochenende einspringen könne, eine Kollegin wäre erkrankt. Das große Ego reagiert mit den inneren Worten: „Jasmin, du warst jetzt eine Woche im Nachtdienst und bist völlig alle, du hast am Wochenende nicht nur mit Mann und Kindern eine Fahrradtour geplant, sondern triffst auch noch eine Freundin, die du lange nicht mehr gesehen hast. Außerdem bist du in letzter Zeit viel öfter als andere eingesprungen und für die dünne Personaldecke bist du auch nicht verantwortlich. Sage also freundlich „Ein anderes Mal gerne, dieses Mal nicht". Niemand kann dich deswegen feuern oder doof finden."

Aber das kleine Ego denkt sich „Man sagt nicht Nein" und so hört sich Jasmin sagen: „Ja, klar, kein Problem."

Ein weiteres Beispiel: Wenn Sie gute Arbeit leisten wollen und dafür regelmäßig gute Infos von Ihrem Team brauchen, diese aber nicht geliefert werden, könnte Ihr kleines Ego Ihnen folgende Geschichte kredenzen: „Die haben doch auch so viel zu tun, beschaff dir die Infos lieber selbst." Auch wenn das gar nicht Ihre Aufgabe ist und Sie deswegen andere wichtige Dinge liegen lassen würden, so das große Ego. Aber nein, Sie ziehen die eigene Überarbeitung und das Beschützen anderer vor.

Natürlich hat die Geschichte „Ich darf das nicht" auch viel Gutes.

Wenn Sie beispielsweise ein nerviger, weil informierter Kunde mit der ein oder anderen Frage sind, hat das kleine Ego des Verkäufers in unseren Geschäften mit der großen Herzlichkeit und Kundenfreundlichkeit dafür gesorgt, dass Sie nicht aus dem Laden geworfen wurden. Ein Kunde mit Fragen, soll er doch bei Amazon bestellen! Macht er dann auch.

Doch es geht im Leben nie um Generelles, sondern immer um Situatives.

Sogar Philosophen sind sich doch einig: Es gibt keine Regel im Zusammenleben, die sich generell für wahr halten lässt.

> Wir haben alle die gleichen generellen Herausforderungen, brauchen aber individuelle Lösungen.

Daher kann es in Sachen „Ich führe mein Leben so, wie ich es will, und zwar bestens!" nur darum gehen, bei solchen Geschichten zu überlegen, ob sie in diesem Augenblick, in dieser konkreten Situation überhaupt sinnvoll, angebracht und unterstützend sind.

Meine größte Sorge besteht darin, dass diese Geschichte uns allen drei große Nachteile beschert: Erstens nimmt sie uns die Idee, etwas zu tun. Wenn ich mir etwas nicht erlaube, habe ich ja schließlich eine Idee, was ich tun könnte. Die setze ich aber wegen der Geschichte des kleinen Egos nicht um. Wer weiß, was passieren könnte? Genau: Wer weiß das schon!?! Lassen Sie sich bitte nicht von Ihrem kleinen Ego ausbremsen, sondern lieber vom Zuspruch des großen Egos motivieren.

Kommen wir zur zweiten Lieblingsgeschichte des kleinen Egos: „Das geht so nicht!" Wenn Sie sich ärgern und laut werden,

> Nutzen Sie Ihre Freiheit, anstatt sie sich selbst zu nehmen.

dann gehen Sie sehr wahrscheinlich dieser Geschichte Ihres

kleinen Egos auf den Leim. Auch sie hat mehrere Variationen, aber immer den gleichen Kern. Die Variationen lauten:

„Der andere soll machen, was ich will."

„Das darf nicht sein!"

„Das soll anders sein."

„Es ist nicht so, wie ich es haben will."

„Das/der/die muss sich ändern."

„Das kann so nicht bleiben."

Der Kern dabei lautet: „So, wie er/sie/es ist, ist es nicht richtig." Der Hintergedanke des kleinen Egos lautet dabei: Ich bin wichtiger als andere. Ich weiß es besser. Die Wahrheit, die Realität ist aber eine ganz andere. Was schert das Universum meine Meinung?

> **Weder andere Menschen noch die Welt sind für uns gemacht worden.**

Die Welt mit allen ihren Eigenschaften ist erst mal so, wie sie ist. Diese Wertschätzung für die Welt im Kopf, können Sie dank Ihrer Möglichkeiten dafür sorgen, dass sie sich ändert. Im Rahmen Ihrer Möglichkeiten! Verwechseln Sie sich nicht mit einem Gott, der alle Kräfte hätte, um die Welt genauso zu machen, wie er sie gerne hätte.

Geben Sie den Krieg auf mit dem, was ist. Aber tun Sie in aller Ruhe alles in Ihrer Macht stehendende, um Ihr Leben und Ihre Lebensbedingungen so zu gestalten, dass es Ihnen gefällt. Privat wie beruflich. Aber es wird nie so sein, wie Sie es wollen. Streben Sie die 100 Prozent im Bewusstsein an, dass es sie nie geben wird.

Ihre Mitmenschen sind nicht dafür da, es Ihnen recht zu machen. Niemand schuldet Ihnen irgendetwas. Niemand muss das tun, was Sie wollen.

> **Können Sie die Schwerkraft aufheben? Warum glauben Sie dann, andere Menschen verändern zu können?**

Legen Sie den Wunsch nach „instruktiver Interaktion" nieder: Suchen Sie nie wieder diesen Knopf beim anderen, nach dessen Betätigung der so ist und das macht, was Sie wollen. Lassen Sie das sein und Sie sind glücklich. Sie haben ein Recht auf Ihre Meinung, andere also auch. Seien Sie nicht überheblich und glauben, dass Sie auch nur um einen Hauch wertvoller als andere sind. Setzen Sie sich in diesem Bewusstsein mit Schwung und allen Ihren Möglichkeiten ein, um Ihre Meinung durchzusetzen. Aber haben Sie dabei im Herzen, dass andere die Freiheit haben, diese anzunehmen oder auch nicht. Ich wünsche Ihnen an dieser Stelle die tiefe Einsicht, dass das Universum zwar für Sie da ist, aber zu seinen eigenen Bedingungen. Vielleicht hilft Ihnen dabei dieser Satz:

> Kein Mensch ist so, wie ich ihn haben will.

So dominieren Sie Ihr Ego

Stellen Sie sich vor, dass Sie abends noch eine Runde spazieren oder joggen gehen. Plötzlich öffnet der Himmel seine Pforten und Sie stehen mitten in einem heftigen Gewitter. Blitze, Donner und Regen werden richtig unangenehm. Sie laufen so schnell Sie können nach Hause. Dort angekommen, beobachten Sie alles durch das Fenster. Ist das ein Problem? Nein. Im Inneren sind Sie sicher, das Innere ist das Zentrum. Von hier aus können Sie beobachten. Dasselbe Gewitter war für Sie draußen noch unangenehm und furchteinflößend. Weil Sie Teil waren, mittendrin standen und nicht beobachten konnten. Wenn Sie die Dinge vom Zentrum aus betrachten, verlieren diese ihre Macht und Sie gewinnen Macht. Nur durch Beobachtung.

Sie brauchen auch im Umgang mit den Gewittern des kleinen Egos keine komplexe Technik mit 13 Schritten. Sie brauchen nur die Bereitschaft, sich selbst zuzuhören und zu beobachten, was Ihnen Ihr kleines Ego so erzählen möchte. Entscheiden Sie dann selbst, ob Sie ihm Glauben schenken oder lieber eine andere Geschichte wählen.

Niemand. So setzen Sie sich ans Steuer und bestimmen, wo die Fahrt hingeht. Mit welchem Fahrstil. Wann Pause gemacht wird. So leben Sie Ihr Leben.

> Niemand zwingt Sie, Ihrem kleinen Ego zu glauben.

Stellen Sie sich vor, dass beide Egos wie Radiosender mit jeweils eigener Frequenz sind. Gesendet wird Tag und Nacht und zu allen möglichen Vorkommnissen. Sie können nicht beeinflussen, was gesendet wird, aber Sie können den Sender einstellen. Wenn Ihnen der Inhalt einer Frequenz nicht gefällt, wählen Sie einfach eine andere. Also kommen Sie nicht auf die Idee, sich über die Geschichten des kleinen Egos zu beschweren. Sondern Sie suchen einfach den Sender, auf dem das große Ego unterwegs ist und sein Bestes gibt. Mehr als zu senden kann es für Sie nicht tun. Ihr Job besteht darin, den Sender zu finden und dann zuzuhören.

Übrigens erkennen Sie ziemlich leicht an drei Symptomen, dass Sie den Sender des kleinen Egos hören.

Erstens sind die Lieblingswörter des Egos dabei Ihre Signalwörter. Zu diesen gehören vor allem „müssen", „nicht dürfen", „nicht", „Problem" und „Mangel".

> **Die größte Sorge des kleinen Egos besteht in einer Welt ohne Probleme. Denn dann wäre es überflüssig.**

Zweitens berichtet das kleine Ego vorwiegend über eine zumeist schlechte Vergangenheit oder horrorartige Zukunft. Darüber, wie die Gegenwart gerade so ist, erfahren Sie wenig.

Drittens werden Sie feststellen, dass der „kleine Ego-Sender" gerne mit einer unglaublich großen Komplexität berichtet. Denn damit ist es beschäftigt und kann anderen Egos zeigen, wie schlau und überlegen es ist.

Dabei ist das ganze Leben paradox und banal. Paradox ist es, weil es oft auf eine friedliche Vereinbarung von Gegensätzen ankommt (dem kleinen Ego natürlich nicht). Banal ist es, weil die Stress auslösenden Dinge, nüchtern-objektiv betrachtet, oft unbedeutend sind. Aber davon ist das kleine Ego schnell gelangweilt.

Abschließend gebe ich Ihnen noch einen Hinweis mit auf den Weg.

> **Werden Sie zu einem Menschen, der selten recht haben will.**

Denn für zu viele lautet das Motto: „Lieber recht haben als glücklich sein."

Nehmen wir dieses Buch und Sie als Leser oder Leserin als Beispiel: Hier geht es nicht darum, wie Sie das Buch oder mich als Verfasser des Buches finden. Oder darum, was Sie von den Inhalten halten.

Es geht nur darum, was Sie für ein erfülltes Leben mit Intention und möglichst wenig Stress tun. Es ist tatsächlich banal: Sie lesen ein paar Zeilen, überlegen sich, wie die Umsetzung der jeweiligen Ideen in Ihrem Leben aussehen kann, und probieren es einige Male aus. Dann betrachten Sie die Wirkung, passen Ihr Vorgehen eventuell an oder suchen sich etwas Neues aus, das Sie dann probieren. Doch was ist unserem kleinen Ego wichtig? Meistens sind das Dinge, die für ein Ausprobieren der Inhalte nicht vonnöten sind. Hier geht es nicht darum, recht zu haben. Vielleicht habe ich an der einen oder anderen Stelle Ihrer Meinung nach nicht recht. Gut, aber irrelevant. Relevant sind die Stellen, von denen Sie profitieren können.

> *Wenn das Ego schweigt, bleibt die freundliche Wirklichkeit.*

Sei Umsetzer und erledige gerne das Unangenehme

Das offene Buch des Lebens zeigt uns, dass es nicht darauf ankommt, wie sehr wir etwas wollen, sondern darauf, wie konsequent wir handeln.

Der Volksmund weiß es:

Nun haben Sie eine Menge gelesen und haben hoffentlich einiges gefunden, das Sie zum Nachdenken anregt und das Sie

> *Ein guter Anfang braucht Begeisterung, ein gutes Ende Disziplin.*

gerne anwenden wollen – oder im besten Fall bereits angewendet haben. Es hat Sie ja niemand dabei gebremst, bereits das getestet zu haben, was Sie hier gefunden haben.

Aber sogar das Tun reicht nicht aus: Es zählt nur, was Sie regelmäßig tun. Nur Gewohnheiten wirken auf Dauer, nicht einzelne Aktionen!

> *Tun ist das allerwichtigste Wort, nicht Wissen!*

Denken Sie an den Zeitraum zurück, in dem Sie die bisherigen Seiten dieses Buches gelesen haben. Hätten Sie in der Zeit bereits mehr für sich tun können? Wahrscheinlich. Warum haben Sie das nicht gemacht? Weil Ihnen anderes wichtiger war? Weil Sie es anderen recht machen wollten? Weil Sie sich selber schlechter behandeln als die anderen? Weil Sie in Ihrer Welt fast immer zuletzt drankommen? Wenn Sie das weitermachen wollen, bitte schön. Aber ich verspreche Ihnen: Glücklich werden Sie so nie!

Niemand wird von heute auf morgen so, wie er oder sie sein möchte. Jeder benötigt dafür seine Zeit. Die einen drei Jahre, die anderen drei Monate, 31 Jahre. Aber entscheidend ist: Es ist möglich!

Um da anzukommen, wo Sie hinwollen, erledigen Sie gemäß dem Prinzip Nummer 7 ½ das Unangenehme – und zwar gerne. Das ist die Grundlage für jeden Erfolg. Ob ein Kind noch zehn Minuten die lästigen Matheübungen macht (und erst später spielen geht), ein Sänger die langweiligen Stimmübungen durchführt (anstatt die Lieblingsstücke zu singen) oder ein Chef sich wirklich Zeit für seine Mitarbeiter nimmt (obwohl er viel zu tun hat), es geht immer um das gleiche Prinzip:

Sei bereit, das Unangenehme zu tun. Anstatt Zeit zu verschwenden und darüber nachzudenken, wie schrecklich das alles ist, kann es einfach getan werden. Trainieren Sie Ihren „Erledigungsmuskel", indem Sie Dinge erledigen, die unangenehm sind – oder nur so erscheinen.

Wenn Sie immer das machen, was Sie bisher gemacht haben, dann ist Fortschritt unmöglich. Nur das Erledigen einer für Dankbarkeit sorgenden Morgenroutine ermöglicht Ihnen Dankbarkeit. Nicht der Wunsch, dankbarer zu sein.

Würde ich Sie beraten, würde ich mich um drei Dinge kümmern: darum, was Sie gerne tun würden, darum, was Sie sagen was Sie tun, und darum, was Sie tun. Nur das Letzte bringt Sie erst nach vorne und dann ans Ziel. Wenn ich Sie dann im Laufe unserer Zusammenarbeit frage, ob Ihnen das neue Verhalten manchmal schwerfällt und Sie sagen, dass es Ihnen leichtfällt, kriegen Sie noch ein paar Pakete drauf.

Es gibt keine Abkürzung, keine Tricks und keinen „easy way". Es ist hart und unangenehm, sich zu verändern. Es ist nicht leicht, zuversichtlich zu sein. Wenn Sie lange Zeit eher auf Ihr Ego gehört haben und auf einmal für mehr Zuversicht auf Ihr Herz hören wollen, dann ist das nicht nur schwierig, sondern auch anstrengend.

Tun Sie, was zu tun ist, und hören Sie auf, leichtere Lösungen zu suchen. Sie verschwenden Ihre Zeit und Energie. Sie sorgen für Ihre eigene Unzufriedenheit, anstatt für Ihren Erfolg zu sorgen.

Legen Sie Lifestylezeitschriften beiseite, die Ihnen eine neue Figur mit nur wenig Aufwand verkaufen wollen. Wenig Aufwand führt grundsätzlich zu wenig Ergebnis. 100 Situps, 100 Liegestützen und 100 Kniebeugen tun weh, bringen aber auf Dauer die gewünschten Resultate.

Die Qualität unseres Lebens hängt stark davon ab, ob wir Unangenehmes gerne erledigen. Warum das ganze Theater? Das Leben kann doch so kuschelig sein. Es geht doch auch ohne den Aufwand, wie es ja die Lebensweise der meisten Menschen zeigt.

Seien Sie an den Grund für Dankbarkeit erinnert: Sie werden sterben. Mit dem Tag Ihrer Geburt stand das fest. Eines Tages werden Sie auf Ihr Lebenswerk zurückschauen und nur noch die Wahl haben, es zu bewerten. Verändern, nachbessern und „Hätte ich doch mal" ist dann keine Option mehr. Damit ist es vorbei. Dann ist es Zeit für eine abschließende Bewertung.

Um in diesem Moment von Stolz erfüllt zu sein, müssen Sie jetzt handeln. Sie müssen jetzt das Unangenehme erledigen, und ab heute täglich. Nur das lässt Sie am Tag Ihres Todes glücklich sein.

Faulheit, Ausreden und Halbherzigkeit haben da nichts zu suchen – wenn es ein rauschendes Fest sein soll.

> Betrachten Sie das Leben als ein Fest zwischen Geburt und Tod.

Zum Schluss

Ich habe das Buch auch geschrieben, um einen Beitrag zu einer noch besseren Welt zu leisten. Nun ist es an Ihnen, mir dabei zu helfen. Denn die Welt können wir Menschen vor allem dann verbessern, wenn wir uns selbst verbessern.

Wenden Sie dafür diejenigen Aspekte des Buches an, bei denen Ihr Herz sagt: „Das macht Sinn. Das passt zu mir. Das ist gut für mich."

Lassen Sie sich dabei auf keinen Fall von irgendjemandem reinreden. Vor allem nicht von Leuten, die nicht grundsätzlich optimistisch sind und an die ständige Möglichkeit der Veränderung glauben.

Behalten Sie dafür täglich zwei Aspekte im Fokus: Alles im Leben passiert für Sie. Sie sind geboren, um glücklich zu sein.

Wenn Sie mir von Ihren Erfolgen schreiben wollen oder Feedback und Anregungen für mich haben, freue ich mich natürlich sehr: info@christian-bremer.de.

Literaturtipps

„Ärger -Befreiung aus dem Teufelskreis destruktiver Emotionen" von Thich Nhat Hanh, Goldmann Arkana Verlag

→ Weniger Ärger, mehr Gelassenheit

„Burnout-Prävention -sich selbst helfen- das 12-Stufen-Programm" von Thomas M. H. Bergner, Schattauer Verlag

→ Ein Arzt gibt wertvolle Hinweise zur Vorbeugung von Burnout (Übungsbuch)

„Das Prinzip Achtsamkeit" von Christian Bremer, Verlag C.H. Beck

→ Einführung und einfache Übungen für mehr Achtsamkeit durch einfache Übungen der Meditation

„Das Burnout-Syndrom-Theorie der inneren Erschöpfung, Zahlreiche Fallbeispiele, Hilfen zur Selbsthilfe" von Matthias Burisch, Springer Verlag

→ Für eher an der Theorie und Forschung Interessierte

„Der ganz normale Wahnsinn – Vom Umgang mit schwierigen Menschen" von Franziscois Lelord & Christophe Andrè, aufbau Verlag

→ Der Autor von „Hectors Reisen" gibt Tipps zum Umgang mit schwierigen Menschen.

„Der Mönch, der seinen Ferrari verkaufte – Eine Parabel vom Glück" von Robin S. Sharma, Knaur Verlag

→ Wundervolle Geschichte über das Verlassen der Tretmühle

„Gelassenheit gewinnt", von Christian Bremer, Verlag C.H. Beck

→ Mentale Stärke für weniger Stress und mehr Gelassenheit, viele Tipps und ein einfaches Trainingsprogramm

„Hühnersüppchen für die Seele" von Jack Canfield & Mark Victor Hansen, Mosaik Verlag

→ Eine gute Medizin gegen jede Art von Trübsinn

„Konflikte lösen durch gewaltfreie Kommunikation" von Marshall B. Rosenberg, Herder Verlag

→ GFK für größere Gelassenheit in Gesprächen

„Lieben, was ist – Wie vier Fragen Ihr Leben verändern können" von Byron Katie mit Stephen Mitchell, Arkan Verlag

→ Das Standartwerk zu The Work

„Mit Gelassenheit zum Erfolg" von Christian Bremer, Verlag C.H. Beck

→ Wie Sie innere Gelassenheit mit Erfolg im Außen in Einklang bringen können.

„Reisen in die Innenwelt – Der Selbsterfahrungs-Guide in Bildern" von Tom Holmes mit Lauri Holmes, Kösel Verlag

→ Wertvolle Anleitung, um die „innere Stimme" in Einklang zu bringen

„Seneca für Gestresste" von Gerhard Fink, insel taschenbuch Verlag

→ Unterstützende Worte eines weisen Mannes

„Stell dir vor, es geht – Wer positiv denkt, hat mehr vom Leben" von Klaus W. Schneider, Herder Spektrum Verlag

→ Wie negative Gedanken durch angemessene positive ersetzt werden können.

„The Big Five for Live – Was wirklich zählt im Leben" von John Strelecky, dtv Verlag

→ Anleitung zum Arbeiten, um persönliche Erfüllung zu finden.

„Über Liebe, Glück und was im Leben wichtig ist – Buch der Autoren" von Dalai Lama, Herder Verlag

→ Mit unerschütterlichem Glaube an die Möglichkeit von Liebe und Glück

„Wer wäre ich ohne mein Drama – Konfliktlösung mit The Work" von Byron Katie, Goldmann Arkana Verlag

→ Beispiele zu The Work in Dialogform